建设现代化强国的必由之路
高质量发展怎么看怎么干

刘松柏　葛玉良　杨筱寂◎主 编

林信惠　霍　晶◎副主编

中国言实出版社

图书在版编目（CIP）数据

建设现代化强国的必由之路：高质量发展怎么看怎么干 / 刘松柏，葛玉良，杨筱寂主编 . -- 北京：中国言实出版社，2018.9
ISBN 978-7-5171-2931-8

Ⅰ . ①建… Ⅱ . ①刘… ②葛… ③杨… Ⅲ . ①企业发展－研究－中国 Ⅳ . ① F279.23

中国版本图书馆 CIP 数据核字（2018）第 221652 号

责任编辑：张　丽
责任校对：李　琳
出版统筹：胡　明
责任印制：佟贵兆
封面设计：徐　晴

出版发行　中国言实出版社
　　　地　址：北京市朝阳区北苑路 180 号加利大厦 5 号楼 105 室
　　　邮　编：100101
　　　编辑部：北京市海淀区北太平庄路甲 1 号
　　　邮　编：100088
　　　电　话：64924853（总编室）　64924716（发行部）
　　　网　址：www.zgyscbs.cn
　　　E-mail：zgyscbs@263.net
经　销　新华书店
印　刷　三河市宏顺兴印刷有限公司
版　次　2019 年 1 月第 1 版　2019 年 1 月第 1 次印刷
规　格　710 毫米 ×1000 毫米　1/16　14.25 印张
字　数　180 千字
定　价　42.00 元　ISBN 978-7-5171-2931-8

目 录

上 篇 中国经济转向高质量发展阶段

高质量发展的时代背景 2

高质量发展的基本内涵 14

高质量发展的特征 22

高质量发展的推动 27

企业家精神与高质量发展 59

中 篇 创造新时代高质量发展新辉煌

大力推动新时代高质量发展 76

省市领导谈高质量发展 81

地方政府齐谋高质量发展路径 90

黑龙江省出台十项措施推动外贸高质量发展 111

山东：打造农业高质量发展样板 116

福建：激活高品质消费 推动高质量发展 118

下好改革开放先手棋——新时代浙江谋高质量发展综述 122

河北省委省政府印发《关于全面推动高质量发展的决定》 128

四川省委发布《关于全面推动高质量发展的决定》 131

下 篇 高质量发展，企业家怎么看怎么干

高质量发展，两会期间企业家代表怎么看 136

新企业家精神助推企业高质量发展

——访首届全国优秀企业家汪海　　142

太阳，升起在东方的全球纸业巨擘

——访山东太阳纸业股份有限公司党委书记、董事长兼总经理李洪信　148

在创新中追求卓越

——访横华科技董事、副总经理陈显龙　　162

改善人居环境　创建美好家园

——访北京千禧园林绿化有限公司创始人齐国明　　168

做守护人民健康的云

——访医渡云技术有限公司董事长及创始人宫如璟　　176

加快转型升级　聚焦高质量发展

——访锦宸集团董事长、总经理李焕军　　183

以质为本　智领未来

——访智慧星光创始人李青龙　　192

打造世界级的工业无人机领军品牌

——访北方天途航空技术发展（北京）有限公司创始人杨苡　198

专注新媒体电视视频行业　致力于用户体验的提升

——访环球合一总经理吴懿　　204

吸收世界先进元素　成就中国特色牧场

——访东石共同创始人、执行董事苏昊　　211

重构护士职业发展环境

——访护联网创始人兼 CEO 张雪莉　　217

后　记　　221

上 篇

中国经济转向高质量发展阶段

高质量发展的时代背景

党的十九大报告作出了"我国经济已由高速增长阶段转向高质量发展阶段"的重要判断。2017 年 12 月中央经济工作会议更是将这一重大判断明确为新时代我国经济发展的基本特征，突出强调了推动高质量发展的重要性，将其作为当前和今后一个时期确定发展思路、制定经济政策、实施宏观调控的根本要求。

链接：

高质量发展：新时代中国经济的基本特征

2017 年 12 月 18 日至 21 日，中央经济工作会议在北京召开。习近平同志在会上发表重要讲话，总结党的十八大以来我国经济发展历程，分析当前经济形势，部署 2018 年经济工作。会议首次提出习近平新时代中国特色社会主义经济思想，明确推动高质量发展这一根本要求，坚持稳中求进工作总基调，系统谋划打好三大攻坚战等重点工作，为做好当前和今后一个时期的经济工作注入思想引领力和实践推动力。

会议认为，中国特色社会主义进入了新时代，我国经济发展也进入了新时代，基本特征就是我国经济已由高速增长阶段转向高质量发展阶段。推动高质量发展，是保持经济持续健康发展的必然要求，是适应我国社会主要矛盾变化和全面建成小康社会、全面建设社会主义现代化国家的必然要求，是遵循经济规律发展的必然要求。推动高质量发展是当前和今后一个时期确定发展思路、制定经济政策、实施宏观调控的根本要求，必须加快形成推动高质量发展的指标体系、政策体系、标准体系、统计体系、绩效评价、政绩考核，创建和完善制度环境，推动我国经济在实现高质量发展上不断取得新进展。

链接：

大力推动我国经济实现高质量发展 [1]
——二论贯彻落实中央经济工作会议精神

量积累到一定阶段，必须转向质的提升，这是经济发展的规律使然，也合乎唯物辩证法的基本原理。

"我国经济已由高速增长阶段转向高质量发展阶段"，这次中央经济工作会议把党的十九大报告作出的这一重大判断，进一步明确为新时代我国经济发展的基本特征，进而作出了推动高质量发展的重大部署，对于引领我国经济向高质量发展阶段迈进具有重大现实意义和深远历史意义。

高质量发展，就是能够很好满足人民日益增长的美好生活需要的发展，是体现新发展理念的发展，是创新成为第一动力、协调成为内生特点、绿色成为普遍形态、开放成为必由之路、共享

---

[1]《大力推进我国经济实现高质量发展——二论贯彻落实中央经济工作会议精神》，《人民日报》2017年12月23日01版。

成为根本目的的发展。中央经济工作会议强调："推动高质量发展，是保持经济持续健康发展的必然要求，是适应我国社会主要矛盾变化和全面建成小康社会、全面建设社会主义现代化国家的必然要求，是遵循经济规律发展的必然要求。"深入领会这"三个必然要求"，我们就会增强推动高质量发展的自觉性和坚定性。

现在，我国正处于转变发展方式的关键阶段，传统发展方式难以为继，同时世界新一轮科技革命和产业变革正在多点突破，只有推动高质量发展，形成优质高效多样化的供给体系，才能在新的水平上实现供求均衡，实现经济持续健康发展。另一方面，我国社会主要矛盾已经转化为人民日益增长的美好生活需要和不平衡不充分的发展之间的矛盾，不平衡不充分的发展就是发展质量不高的表现。解决我国社会的主要矛盾，就必须推动高质量发展。

唯物辩证法告诉我们，量变积累到一定程度必然引起质变。但是，只有准确把握时机促成质变，才能实现事物的发展和飞跃。20世纪60年代以来，全球100多个中等收入经济体中只有十几个成功进入高收入经济体。事实表明，那些取得成功的国家，就是在经历高速增长阶段后，实现了经济发展从量的扩张转向质的提高。那些徘徊不前甚至倒退的国家，就是没有抓住时机，实现这种根本性转变。5年来我国经济保持了中高速增长，现在经济总量已达到80万亿元。我们要重视量的发展，但更要重视解决质的问题，把主要着力点转向质的提升正当其时，在质的大幅提升中才能实现量的有效增长。推动高质量发展，正是以习近平同志为核心的党中央审时度势、把握时机作出的战略决策，是运用马克思主义基本原理解决实际问题的生动体现，是遵循经济规律发展的必然要求。

也要看到，在我国这样经济和人口规模巨大的国家，高速增长阶段转向高质量发展阶段并不容易，不可能一夜之间就实现。我们还必须跨越两大关口。第一个关口就是非常规的我国经济发展现阶段特有的关口，特别是要打好防范化解重大风险、精准脱贫、污染防治三大攻坚战。第二个关口就是常规性的长期性的关口，也就是要大力转变经济发展方式、优化经济结构、转换增长动力，特别是要净化市场环境，提升人力资本素质，增强国家治理能力。建设现代化经济体系，是跨越这两大关口的迫切要求，也是我国发展的战略目标。按照十九大报告的部署，牢牢把握高质量发展的要求、把握工作主线、把握基本路径、把握着力点、把握制度保障，不断增强我国经济创新力和竞争力，我们就一定能建设好现代化经济体系，实现我国经济的高质量发展。

推动高质量发展，是当前和今后一个时期确定发展思路、制定经济政策、实施宏观调控的根本要求。我们要牢牢把握这一根本要求，认真贯彻落实中央经济工作会议精神，适应新时代、聚焦新目标、落实新部署，全面做好明年经济工作，为2020年全面建成小康社会打下更坚实的物质基础。

为何现在提出"转向高质量发展"呢？

历史地看，经济发展在重复"繁荣—衰退—复苏—增长"波浪式前进的同时，以科技、人力资源等要素进步为新动能，解决制约经济发展的深层次矛盾，实现向上的总趋势。"由高速增长阶段转向高质量发展阶段"，是我们直面新时代主要矛盾，适应经济新常态的必须选择和紧迫任务。

目前，我国能源、原材料消耗总量偏大，单位GDP能源消耗偏高。粗放型经济增长对资源、环境造成越来越大的压力，这样的增长模式难以持续。近几年，华北、华东地区出现大面积雾霾天气，一些与环境污染有关的疾病发生率上升。"如果发展需要付出人民健康的代价，那就违背了发展的初衷。党的十九大提出转向高质量发展阶段，就是回应百姓关切，直面经济发展的深层次矛盾问题。"[1] "中国经济保持了连续几十年的高增长，创造了大量社会财富，中国人从改革开放中获得了巨大的实惠。但由于市场经济体制不健全、分配制度不够完善等原因，出现了一些值得关注的社会经济问题，如城乡差距、地区差距、行业差距等仍然存在，人民群众对协调发展、均衡发展的诉求不断提升。"[2]

中国社会科学研究院经济研究所所长高培勇认为，由高速增长阶段转向高质量发展阶段这一重要论断，是与我国社会主要矛盾已经转变为人民日益增长的美好生活需要和不平衡不充分的发展之间的矛盾相一致的。

国家信息化专家咨询委员会委员汪玉凯指出，必须关注社会主要矛盾的转化，转换生产方式、调整利益格局，增加民族的凝聚力、向心力，激发全社会创造力和发展活力，从而实现更高质量、更有效率、更加公平、更可持续的发展。

从高速增长阶段转向高质量发展阶段，也是主动适应经济新常态、突破发展瓶颈的现实选择。"我们要适应经济增速换挡的新常态，保持战略上的平常心态。必须淡化速度'执念'，强化质量意识，优化要素投入，促进现代化建设各方面相协调。"[3] 中国财政科

---

① 《如何理解中国经济转向高质量发展（聚焦十九大报告·转向高质量发展阶段）》，人民网，2017年10月31日。

② 同上。

③ 《中国经济，迈向高质量发展》，人民网，2017年10月25日。

学研究院副院长白景明认为，依靠人才、技术、知识、信息等高级要素，以创新驱动来消解全球化红利和我国人口红利不断下降的不利影响，突破资源能源、环境等要素的瓶颈制约，尽快实现发展新旧动能的转换。

链接：

高质量发展的基本背景 [1]

我国经济转向高质量发展阶段，主要基于以下几个方面的原因：

一是全球经济格局深刻调整，我国外部需求出现常态萎缩。支撑我国30多年经济高速增长的重要因素之一，是我国走的是不断扩大出口的外向型经济发展道路。但从2008年国际金融危机以来，世界经济呈现出"总量需求增长缓慢、经济结构深度调整"的特征，使得我国的外部需求出现常态性萎缩。美欧等经济强国相继提出"再工业化""2020战略""重生战略"等措施，意在结合新能源、新材料、新技术发展实体经济，抢占国际经济制高点。同时，还试图重构国际贸易规则，推进TPP和TTIP谈判，实行新的贸易保护主义。而发展中国家都在努力调整发展模式，加快发展具有比较优势的产业，这使得支撑中国经济高速增长的外需环境发生巨大变化。2008—2016年，全球经济增长由前10年的年均4.13%下降为2.85%，全球贸易增速由年均11%大幅下降为−0.21%，导致外部需求对中国经济的拉动作用明显弱化。当

---

[1] 江涛：《2018政策热点面对面》，北京：中国言实出版社，2018年。

然，根据 2018 年 1 月世界银行发布的最新报告显示，2017 年世界经济的增速估计在 3% 以上，比此前预测值提高了 0.3 个百分点；而世界货币基金组织（IMF）则将世界经济增速由 3.5% 调至 3.6%，调高了 0.1 个百分点。但从整体上看，世界经济出现较长时间的"新平庸"是大概率事件。

二是国际创新驱动竞争更为激烈，我国产业结构转型升级滞后。当前，新的工业革命正迎面走来，主要发达国家纷纷加快发展战略性新兴产业，力图抢占未来科技创新和产业发展的制高点，这些新挑战倒逼着我国的经济发展方式加快向创新驱动型转换。但长期以来，我国产业发展方式粗放，科技创新能力不足，科技与产业的融合力度不够，使得很多产业竞争力不强、核心技术受制于他人。我们需要有所为，有所不为，需要主动放慢经济增长速度，为创新驱动经济转型升级腾出空间、留出时间。

三是我国传统人口红利逐渐减少，资源环境约束正在加强。我国的经济增长结构正在发生历史性变化。目前，东部发达地区的劳动力供给短缺情况更加明显，"刘易斯拐点"正在到来，传统人口红利正在逐步减弱。从 2012 年开始平均每年净减少劳动年龄人口数百万，劳动力供求关系出现新变化，工资水平在过去 10 年年均上涨 12% 左右，与发达国家劳动力成本之间的差距迅速缩小，成本优势逐渐减弱。与此相对应的是，我国过度依靠投资和外需的经济增长模式，已使得能源、资源、环境的制约影响越来越明显，石油、天然气等重要矿产资源的对外依存度不断提高，生态环境压力不断加大，要素的边际供给增量已难以支撑传统的经济高速发展路子，这也在客观上促使中国经济逐步回落到一个新的平稳增长区间。

　　四是我国面临跨越中等收入陷阱挑战，改革红利有待强力释放。2017 年，我国人均 GDP 超过 8000 美元，已进入上中等收入国家行列，当前正处于跨越"中等收入陷阱"的关键历史阶段。从国际经验看，处在这个阶段的国家和地区，需要经济结构的优化升级，由此带动社会结构的变革，从而打破利益固化的藩篱，增强社会流动性，使经济社会充满活力。反之，则可能落入中等收入陷阱。进入高质量发展阶段，我们必须逐步调整高速增长的经济发展模式，寻求新的增长动力，保障和改善民生，努力实现改革与发展红利全民共享。此外，随着我国居民收入水平不断提高，我国市场需求结构升级加快，消费者对高质量产品和服务的需求更加突出，但国内供给侧还不能很好满足需求结构的这一变化，导致越来越多的高端需求转向海外市场。近年来我国消费者越来越多地到国外采购消费品和优质食品，到海外留学、旅游、就医等，就是国内供给不能很好满足国内需求的真实反映。

　　上述内外部条件的变化，使得我国原有主要依靠要素投入、外需拉动、投资拉动、规模扩张的增长模式已不可持续，迫切需要转变发展方式、优化经济结构、转换增长动力。

　　国务院研究室副主任杨书兵认为，经济发展从高速增长阶段转向高质量发展阶段，是党中央对我国经济发展面临形势、变化规律和发展趋势的深刻洞察和科学判断，为做好新时代经济工作指明了方向，具有重大现实意义和深远历史意义：（1）推动高质量发展是实现我国经济持续健康发展的迫切需要。改革开放 40 年来，我国经济保持了年均 9% 以上的持续高速增长，部分年份增速高达两位数以上，取得了举世瞩目的成就。这首先归功于改革开放，同时也是多种因素综合作用的结果。中国人勤劳、智慧和节俭，既拼命工作，又省吃俭用、储蓄创业，至为重要。另一个因素是，我们的劳动力、土地、资源等要素成本较低。在这些因素共同作用下，我们不仅向国内外市场提供了大量物美价廉的商品和服务，还迅速积累了巨额建设资金，从而形成了主要依靠投资和出口拉动的成功增长模式。当前，支撑我国经济增长的条件发生了深刻变化，特别是劳动力、土地、资源等要素成本持续上升，生态环境承载能力接近上限，基础设施建设和房地产、汽车、钢铁等行业发展空间逐渐缩小。可以说，粗放型的高投入带动高增长路子已经走到了尽头。要推动我国经济持续健康发展，实现更加宏伟远大的目标，必须另辟蹊径，找到新的增长动力和发展方式。理论和实践都证明，只有加快建设现代化经济体系，大力推进转型升级和高质量发展，才能从根本上解决我们面临的阶段性发展困局，步入柳暗花明的新境界、新天地。（2）推动高质量发展是适应我国社会主要矛盾变化的必然要求。中国特色社会主义进入新时代，我国社会主要矛盾已经转化为人民日益增长的美好生活需要和不平衡不充分的发展之间的矛盾。在经济社会发展领域，这个矛盾集中表现为，供给能力不强，供给结构不能适应需求结构的变化。生活水平显著改善以后，人民对美好生活的向往更加强烈，物质文化需求呈现多样化、多层次和变化快的特点。如果说过去要解决的是"从无到有""由少到多"，未来则要解决的是"从多到好""好上加好"。为此，必须在持续扩大经济总量的基础上，加快优化提升供给结构和水平，向市场提供更多质量上乘、丰富多彩的产品和服务，更好满足人民日益增长的各种需求。同时，还要不断缩小区域、城乡等差别，加快改变发展不够平衡、分配不够合理的情况，让全体人民都能过上幸福美好的生活。（3）推动高质量发展是建设社会主义现代化强国的必由之路。建设社会主义现代化强国，是一个攻坚克难的历程，需要"过五关斩六将"，跨越"中等收入陷阱"就是一个重要关口。国际经验表明，一个国家要从中等收入阶段进入高收入阶段，关键在于实现经济发展从量的扩张到质的提高这一根本性转变。有关研究表明，20世纪60年代初全球有近百个中等收入经济体，目前只有十几个进入高收入国家行列，其余的都长期徘徊在中等收入阶段，难以完成质的飞跃，最重要原因就是没有实现发展方式、发展质量的根本性转变。现在，我国总体上仍处在全球产业链、价值链的中低端，科技对经济增长的贡献率还不高，源头创新不足，不少关键技术、关键部件依赖进口，质量效益仍有很大提升空间。特别是，我们还面临着高端制造业向发达国家回流、中低端产业向东南亚等新兴经济体转移的双重挤压。当今世界，新一轮科技革命和产业变革正在蓬勃兴起，经济领域的国际竞争日益激烈。只有加快科技创新和转型升级，走高质量发展之路，才能在激烈的国际竞争中赢得主动，成功跨越"中等收入陷阱"，最终实现建成社会主义现代化强国的奋斗目标。[1]

国务院发展研究中心研究员段炳德认为，两个"难以为继"导致高速增长阶段渐行渐远，"三个要求"催生高质量发展阶段的渐行渐近。其中，第一个"难以为继"是传统增长方式难以为继，传统经济增长主要依靠投资的高速增长拉动，其中制造业投资、房地产投资和基础设施投资都面临发展的拐点。制造业方面，中国已经是制造业规模的全球领先者，近来贸易保护主义抬头，对制造业产

---

[1] 国务院研究室编写组：《十三届全国人大一次会议〈政府工作报告〉学习问答》，北京：中国言实出版社，2018年。

品出口形成冲击，基础设施的迅猛发展也使进一步加大投资的空间更加逼仄；房地产的投资随着人均占有住房数量的迅猛提升而逐渐放缓。同时，中国经济增长的资源环境压力逐渐突出，三废（废水、废气、固体废弃物）问题严重，土壤、水和空气的承载能力逼近极限。第二个"难以为继"是维持高速增长率已经难以为继。随着经济发展进入新常态，经济高增长率下降是必然趋势，因为一方面中国经济规模日趋庞大，同样增长率创造的经济规模已经今非昔比，可以容纳的就业水平没有下降甚至更高，超过每年 1000 万人；另一方面增长率下降符合大多数高收入经济体在从中等收入国家向高收入国家迈进中的经济增长规律。2017 年，中国人均 GDP 接近 9000美元，逼近高收入国家门槛。[①]

链接：

"三个要求"催生高质量发展阶段的渐行渐近[②]

"三个要求"则是中央经济工作会议公报中提出的，是保持经济持续健康发展的必然要求，是适应我国社会主要矛盾变化和全面建成小康社会、全面建设社会主义现代化国家的必然要求，是遵循经济规律发展的必然要求。

实现国家发展的战略目标，要有一定的发展速度，更要注重发展可持续性和发展质量。而我国社会主要矛盾已经从落后的社会生产和人民日益增长的物质文化需求之间的矛盾转为人民日益

[①] 段炳德：《深刻理解实现高质量发展的重要内涵》，《中国青年报》2018 年 02 月 12 日 02 版。
[②] 同上。

增长的美好生活需要和不平衡不充分的发展之间的矛盾。人们需要更高质量的产品和更优质的商业服务，需要更高效更温馨的公共服务。高增长阶段，基本实现了量的满足，下一步的着力点必然转化为质的提升，因此必须实现高质量发展。近年来，中国消费者每年海外消费10000亿元人民币的消费就是一个例证。从国际竞争的角度看，中国也只有实现高质量的发展才能在国际经济竞争（包括产业竞争、产品竞争）中胜出，摆脱在价值链中低端徘徊的窘境，顺利跨越中等收入陷阱，全面建成小康社会，从而顺利进入高收入国家行列，实现中华民族的伟大复兴。

高质量发展的基本内涵

习近平总书记明确指出，高质量发展，就是能够很好满足人民日益增长的美好生活需要的发展，是体现新发展理念的发展，是创新成为第一动力、协调成为内生特点、绿色成为普遍形态、开放成为必由之路、共享成为根本目的的发展。

推动经济实现高质量发展，是适应我国发展新变化的必然要求，也是当前和今后一个时期谋划经济工作的根本指针。高质量发展内涵十分丰富，不仅涵盖经济发展各领域，也包括社会民生各方面；既涉及生产、流通，也涉及消费、分配；既需要科技创新，也需要体制机制创新；既是质量变革，也是效率、动力变革。推动经济实现高质量发展，首先要全面、深刻地理解高质量发展的内涵。

国务院发展研究中心主任李伟认为，高质量发展，意味着高质量的供给、高质量的需求、高质量的配置、高质量的投入产出、高质量的收入分配和高质量的经济循环。

链接：

高质量发展的六大内涵 [①]

推动高质量的供给，就是要提高商品和服务的供给质量。我

---

① 李伟：《高质量发展有六大内涵》，《人民日报海外版》2018 年 01 月 22 日 03 版。

国拥有全球门类最齐全的产业体系和配套网络，其中220多种工业品产量居世界第一。但许多产品仍处在价值链的中低端，部分关键技术环节仍然受制于人。要提高供给质量，更好满足日益提升、日益丰富的需求，跟上居民消费升级步伐。

促进高质量的需求，要促进供需在更高水平实现平衡。我国已形成最大规模的中等收入人群，城市化水平不断提升，内需市场十分广阔，但是就业质量不高，居民收入水平偏低，公共服务供给不足，养老、医疗、教育等给居民带来的负担还比较重。必须解决这些问题，释放被抑制的需求，进而带动供给端升级。

实现高质量的配置，就是要充分发挥市场配置资源的决定性作用，完善产权制度，理顺价格机制，减少配置扭曲，打破资源由低效部门向高效部门配置的障碍，提高资源配置效率。

实现高质量投入产出，就是要更加注重内涵式发展，扭转实体经济投资回报率逐年下降的态势；在人口红利逐步消退的同时，进一步发挥人力资本红利，提高劳动生产率；提高土地、矿产、能源资源的集约利用程度，增强发展的可持续性；最终实现全要素生产率的提升，推动经济从规模扩张向质量提升转变。

实现高质量的分配，就是要推动合理的初次分配和公平的再分配。初次分配环节，要逐步解决土地、资金等要素定价不合理的问题，促进各种要素按照市场价值参与分配，促进居民收入持续增长。再分配环节，要发挥好税收的调节作用，精准脱贫等措施的兜底作用，注意调节存量财富差距过大的问题，形成高收入有调节、中等收入有提升、低收入有保障的局面，提高社会流动性，避免形成阶层固化。

促进高质量的循环，就是要畅通供需匹配的渠道，畅通金融服务实体经济的渠道，落实"房子是用来住的，不是用来炒的"要求，逐步缓解经济运行当中存在的三大失衡——供给和需求的失衡、金融和实体经济失衡、房地产和实体经济失衡，确保经济平稳可持续运行。

高质量发展是一场耐力赛，需要脚踏实地，打牢基础，一步一个台阶。向高质量发展转变的过程注定不会一帆风顺，我们必须守住不发生系统性风险的底线，有序排除长期积累的风险隐患，有效应对外部不确定性的冲击，为高质量发展创造有利条件和环境。

国务院研究室副主任杨书兵指出高质量发展主要包括五个方面：一是努力实现高质量供给。要根据新发展理念要求，适应市场需求变化，大力提升产品和服务供给质量，丰富花色品种，促使供需动态平衡，更好满足人民日益提高的物质文化需求。二是努力实现高质量配置。要加快要素市场化改革，放松管制、打破垄断，消除资源由低效部门向高效部门流动的各种障碍，构建竞争公平有序的市场体系，提高资源配置效率。三是努力实现高质量投入产出。要深入实施创新驱动发展战略，深化供给侧结构性改革和企业制度改革，着力破除无效投入和无效供给，切实降低成本，不断提升企业和整个经济体系的质量效益。四是努力实现高质量循环。要着力缓解经济运行当中存在的突出失衡，强化和补齐"短板"，推动区域、城乡等方面平衡发展，促进国民经济重大比例关系和空间布局更加协调合理。五是努力实现高质量分配。要加快收入分配体制改革，使初次分配更为合理、再分配更为公平，推动形成高收入有调节、中等收入有提升、低收入有保障的分配格局。[1]

国务院发展研究中心副主任张扩军认为，扩推动高质量发展，首先要深刻认识其内涵及意义，以凝聚共识，形成合力。党的十九大报告提出，我国经济已由高速增长阶段转向高质量发展阶段。这一重大判断内涵丰富，要重点把握三点：一是强调从高速度到高质量的转变。这不仅意味着今后经济发展的主要任务已从速度转向质量，也意味着今后经济工作的主旋律或者经济工作关注的重点，不再是速度，而是质量。二是强调从增长到发展的变化。增长和发展的含义是不同的。这意味着今后不仅要重视量的增长，更要重视结构的优化，不仅要重视经济的增长，更要重视环境的保护、社会文明的提升，以及社会治理的完善等等，也就是更加强调经济、政治、社会、文化、生态文明五位一体的全面发展和进步。三是要注意区分"转向"与"转为"含义的不同。党的十九大报告当中用的是"转向"而不是"转为"，就是已经在朝着高质量发展的方向转变，但尚没有真正实现高质量发展，或者说，转变过程已经开始，但转变的任务尚未完成。因此，今后的任务，就是要通过努力，真正转变为高质量发展，或者说真正实现高质量发展。[2]

中国宏观经济研究院产业所副研究员盛朝迅从宏观和微观相结合、供给和需求相结合、公平和效率相结合、目标和过程相统一、质量和数量相统一五个维度阐释了高质量发展的内涵。

---

[1] 杨书兵：《大力推动高质量发展》，北京：中国言实出版社，2018 年。

[2] 张军扩：《高质量发展怎么看、怎么干？》，《经济日报》2018 年 02 月 01 日第 14 版。

链接：

理解高质量发展的五个维度①

中国特色社会主义进入了新时代，我国经济发展也进入了新时代，其基本特征是由高速增长阶段转向高质量发展阶段。高质量发展，就是能够很好满足人民日益增长的美好生活需要的发展，是体现新发展理念的发展，是创新成为第一动力、协调成为内生特点、绿色成为普遍形态、开放成为必由之路、共享成为根本目的的发展。深入理解高质量发展的内涵，可以从以下几个辩证统一的视角来入手：

一是宏观和微观相结合的维度。高质量发展是一个既包括宏观经济发展质量，也包括微观经济活动中产品质量、工程质量、服务质量的"大质量"的概念。这是因为，宏观经济的高质量，离不开经济主体的高质量、技术的高质量以及高质量产品等微观高质量的支撑。近年来，我国技术进步成效显著，新技术加速向各领域扩散，为提升产品、工程和服务质量，推动产业发展质量水平整体跃升，实现经济转向高质量发展阶段创造了更加有利的条件。当前和今后一个时期，推动高质量发展必须注重宏观和微观的结合。宏观层面要深入推进供给侧结构性改革，加快实施创新驱动发展战略，完善有利于高质量发展的体制机制，积极建设现代化经济体系，提高全要素生产率。微观层面要完善产品和服务标准，实施品牌创建和精品培育工程，培育支撑高质量发展的

①盛朝迅：《理解高质量发展的五个维度》，中国网，2018年05月01日转载《经济日报》。

科技、金融、人才等要素，发展壮大一批精益求精、追求质量和效益的创新型企业。

二是供给和需求相结合的维度。高质量发展首先要解决供给问题，包括产业供给、产品供给、企业供给和要素供给质量提升等方面。高质量发展要求我国供给体系在产业、产品、企业和要素四个层面进行重构，加快发展高技术产业和战略性新兴产业，不断提高高端产业比重，推动高质量产品和服务快速涌现，培育壮大创新型企业，促进知识、技术、信息、人才、数据等高端要素蓬勃发展。与此同时，高质量发展也是顺应需求升级的必然结果，是高品质、高性价比的产品满足消费者高品位需求的过程。推动高质量发展，必须从供给和需求相结合的角度，推动产品和服务质量不断提高，促进供需匹配吻合。要把握消费升级趋势，适应市场需求变化动态组织产品生产和供应，扩大更具创新性和更为个性化的产品供给，依靠创新促进供需匹配，推动高质量发展。

三是公平和效率相结合的维度。高质量发展是高效率、高附加值和更具可持续性、包容性的结合。从根本上看，实现高质量发展就是要解决公平和效率问题，核心要义是建立在更加公平基础上的高效率。从公平角度看，高质量发展意味着要从不平衡不充分发展转向共享发展、充分发展和协同发展，实现产品服务高质量、投入产出高效率、发展技术高新化、产业结构高端化、发展成果共享化和发展方式绿色化。目前我国经济发展不平衡不充分问题仍很突出，特别是东西部、城乡之间发展差距仍然较大。推动高质量发展，特别是将"三大攻坚战"作为高质量发展的重要内容，就是解决发展不平衡不充分的重要举措。从效率角度看，高质量发展要求以最少的要素投入获得最大的产出，实现资源配置优化。既表现为要素利用配置效率高，如投入产出效率高、单位 GDP 能耗低、产能利用率高、实现绿色低碳发展等，也表现为使微观经济主体得到恰当的激励，促进企业家与职工等各类微观经济主体之间的利益协同。

四是目标和过程相统一的维度。高质量发展还是发展目标与发展过程的统一。从发展目标看，高质量发展有助于满足人民群众日益增长的多样化、多层次、多方面需求，提供更好更均衡的教育、更稳定的工作、更满意的收入、更可靠的社会保障、更高水平的医疗卫生服务、更舒适的居住环境、更优美的生态环境、更丰富的精神文化生活等。从发展过程看，通过创新引领高质量发展是推动我国经济质量变革、效率变革和动力变革的根本途径，是发展动力由要素驱动向创新驱动转变，发展模式由粗放发展向集约发展、绿色发展和可持续发展更替的过程。而经济发展质量、效率和动力"三大变革"的根本目的也是实现高质量发展，这两者在本质上有机统一。要加快建立企业主体、市场导向、产学研深度融合的技术创新体系，不断创造经济发展新动力，激发高质量发展新动能。

五是质量和数量相统一的维度。推动实现高质量发展必须牢固树立"质量第一、效率优先"理念，将以往主要依靠增加物质资源消耗实现的粗放型高速增长，转变为主要依靠技术进步、改善管理和提高劳动者素质实现的集约型增长，增强发展"质"的含金量。同时，也要看到"质"和"量"是一对不可分割的变量，高质量发展是质和量的结合，量是质的基础，质是量比较的结果，数量和质量两者应该兼顾。

　　清华大学教授李稻葵在接受《中国新闻周刊》就"如何理解高质量发展"这一问题采访时谈道："我的理解有几个方面，一是经济结构要持续调整；二是经济增长的动力要持续转移，从传统的到新的动能，更多是终端消费拉动，而不是投资拉动；三是在今年经济形势向好的过程中，要有效化解一些长远的风险因素。比如宏观的杠杆结构要改变，尽管宏观杠杆率不会出现大规模下降，但从结构上，一些低质量的借贷要被清除掉，这也是高质量发展非常重要的方面。""在我看来，最重要的一点是让老百姓有获得感。老百姓要确实感觉到自己腰包鼓了，感觉网购更方便了，很多东西都能买得起了，这是高质量发展最核心的要求。"①

---

①《李稻葵解读高质量发展：核心是让老百姓有获得感》，中国新闻网，2018 年 03 月 08 日。

高质量发展的特征

国家行政学院经济学部教授冯俏彬认为我国经济高质量发展有五大特征：（1）第三产业对于经济增长的贡献显著增加。产业经济学告诉我们，随着经济的发展，产业形态上呈现出从低级向中级、高级不断攀升的特征，这是产业演变的自然规律。2015年以来，我国经济各项指标都呈现出转型升级的明显信号。据有关部门测算，2017年前三季度第三产业增加值占国内生产总值的比重为52.9%。从未来看，随着产业分工的深化、特别是互联网与传统产业的融合加深，我国服务业还将迎来快速发展、深度发展的时期。这表明，推动我国经济转向高质量发展，大力发展服务业应当是其中一个主要的着力点。（2）创新对于经济增长的贡献显著增加。改革开放以来，我国经历了三十多年的经济高速增长，被誉为经济发展史上难得一见的增长奇观。但总体而言，我国过去的经济高速增长是建立在要素大量投入、粗放使用的基础之上，为此所付出的环境、资源、生态、社会代价十分沉重，可持续性堪忧。推动我国经济由高速度增长转向高质量增长，就是要进一步树立"创新是引领发展的第一力量"的理念，深化科技教育体制改革、鼓励大众创业、万众创新，破除科技成果转化、科技人员流动的障碍，加强知识产权保护，在全社会形成"大众创业、万众创新"的良好氛围，努力提高全要素生产率。特别是要抓住未来二三十年间互联网对全社会生产生活方式进行全方位改造所带来的前所未有的爆发性增长可能性，推动我国经济再上一个新台阶。（3）消费对于经济增长的贡献显著增加。改革开放以来，我国经济增长在相当大的程度上是依赖出口和投资拉动，这在特定的历史阶段和历史背景之下有其必然之处。近年来，随着国内和国外环境不断变化，出口和投资对我国经济增长的贡献度都有不同程度的下降，相反在过去十多年的增长中我国同时也产生了一个几亿人的中等收入群体，其所产生的消费需求强大而持久，已经并还将进一步显示对于经济增长的强劲动力。近年来，消费对于经济增长的贡献度不断上升，2015 年为 66.4%，2016 年为 64.6%。党的十九大报告提出，完善促进消费的体制机制，增强消费对经济发展的基础性作用。因此，今后一个时期要特别重视与消费有关的基础设施、环境、氛围、制度安排等工作，为经济发展创造更加良好的条件。（4）结构优化。基于创新支撑、消费驱动、第三产业壮大的经济形态，会呈现出总体结构优化、质量效益提高、可持续性增强的特点。一是供给与需求之间能保持动态平衡，供给体系能随需求的变化而不断地调整适应，并在一定程度上引领需求，而需求侧的变化也会比较顺畅传导到供给侧，两者在动态调整中相互适应、相应平衡。二是表现为产业上、中、下游之间协同性增强，要素流入流出自由、顺畅、高效，价值链不断攀升。三是表现为资源、环境、生态与经济社会之间的相互容纳、长远共存。（5）包容性、普惠式增长。党的十九大报告指出，中国特色社会主义进入新时代，我国社会主要矛盾已经转化为人民日益增长的美好生活需要和不平衡不充分的发展之间的矛盾。我们要在继续推动发展的基础上，着力解决好发展不平衡不充分问题，大力提升发展质量和效益，更好满足人民在经济、政治、文化、社会、生态等方面日益增长的需要，更好推动人的全面发展、社会全面进步。一般认为，服务业往往具有就业承载力强、单位产出高、藏富于民的特点，因此大力发展服务业，努力增强消费对于经济增长的基础性作用，使创新真正成为经济繁荣的根源，不仅符合经济社会的客观规律，而且还能使增长过程成为经济、社会、自然同步协调的"共同进化"，促使居民收入水平的不断提高，有利于每一个人实现自己的人生梦想与个人价值，从而使发展符合最广大人民的根本利益。[①]

国家发展改革委副秘书长范恒山 2018 年 4 月 3 日在出席由中国发展网主办的"迈向高质量发展的中国经济"主题年会时指出，全面准确理解高质量发展内涵，似可以从"更加平衡、更加高效、更加优化、更加公平、更加美好"多个方面把握高质量发展的特征。

链接：

高质量发展的五个特征 [②]

第一个特征是供给和需求更加平衡。高质量发展的供给体系和供给质量要有效适应多样化个性化需求。供给侧，要有较为完整的产业体系作为基本支撑，生产组织方式实现网络化、智能化，创新力、需求捕捉力、品牌影响力、核心竞争力强，产品和服务质量和附加值高。需求侧，高水平的供给体系和供给质量能够不断满足人民群众个性化、多样化、不断升级的需求，这种

[①]《[经济实说·专家谈]我国经济高质量发展的五大特征》，新华网，2017 年 12 月 27 日。

[②]《范恒山：从多个方面把握高质量发展的特征》，中国发展网，2018 年 04 月 03 日。

需求又引领供给体系和结构的变化，供给变革又不断催生新的需求。

第二个特征是资源要素配置更加高效。效率是高质量发展的核心标准，高质量必然伴随着高效率。不断提高劳动、资本、土地、资源、环境等效率，需要在不断完善有利于资源要素有序流动和市场化配置机制的同时，更加注重发挥科技创新的作用，切实增强自主创新能力，不断提高劳动生产率、增量资本产出率、全要素生产率。

第三个特征是经济结构更加优化。经济结构转型升级是高质量发展的重要标志，也是高质量发展的基本路径。高质量发展要使产业结构、需求结构、城乡区域结构等不断优化。要加快产业结构迈向中高端，进一步提高产业体系竞争力。要促进需求结构继续优化，进一步发挥消费对经济发展的基础性作用和投资对优化供给结构的关键性作用。要推动城乡区域结构更加协调，实现区域良性互动、城乡融合发展、陆海统筹整体优化。

第四个特征是收入分配更加公平。公平有序的收入分配格局是高质量发展成果的重要体现。高质量发展本质上要求在初次分配过程中，劳动、资本、技术等各类要素能够根据各自贡献获得合理回报，也就是要实现投资有回报、企业有利润、员工有收入、政府有税收，并且充分反映各自按市场评价的贡献。再分配过程中，要更加注重公平，最终形成科学有序的分配关系和公平合理的分配格局。

第五个特征是人民生活更加美好。高质量发展的出发点和根本目的是持续增进人民福祉。高质量发展要更好满足居民消费升级需要，同时实现公共服务供给数量、质量和均等化水平进一步提高，教育、医疗达到先进水平，住有所居、就业和收入机会均等、福利公平成为普遍状态，人民群众生活满意度普遍较高。社会治理更加有效，社会公平正义得到伸张，全体人民更加公平地享受经济发展成果，逐步实现共同富裕。

高质量发展的推动

国家发展和改革委员会主任何立峰指出，推动高质量发展，就要建设现代化经济体系，这是跨越关口的迫切要求和我国发展的战略目标。

链接：

大力推动高质量发展　建设现代化经济体系[①]

中国特色社会主义进入新时代，我国经济已由高速增长阶段转向高质量发展阶段。推动高质量发展，就要建设现代化经济体系，这是跨越关口的迫切要求和我国发展的战略目标。必须坚持以习近平新时代中国特色社会主义思想为指导，切实增强推动高质量发展的自觉性和使命感，锐意进取、真抓实干，打好三大攻坚战，决胜全面建成小康社会、奋力实现中华民族伟大复兴的中国梦。

党的十九大指出，中国特色社会主义进入新时代，我国经济已由高速增长阶段转向高质量发展阶段。推动高质量发展，就要建设现代化经济体系，这是跨越关口的迫切要求和我国发展的战略目标。我们要深入学习领会习近平总书记关于高质量发展的重

[①] 何立峰：《大力推动高质量发展　建设现代化经济体系》，中国共产党新闻网，2018年06月22日。

认真落实推动高质量发展的重点任务

党中央对推动高质量发展作出了明确部署，我们要牢牢把握高质量发展的要求，坚持稳中求进工作总基调，全面贯彻新发展理念，围绕建设现代化经济体系，从六个方面做好顶层设计并扎实推进具体实施。

建设创新引领、协同发展的产业体系。目标是实现实体经济、科技创新、现代金融、人力资源协同发展。筑牢实体经济的基础地位，促进互联网、大数据、人工智能和实体经济深度融合，构建优质高效、充满活力、竞争力强的现代服务产业新体系，打造世界一流品牌。进一步破除无效供给，建立化解产能过剩矛盾的市场化法治化长效机制，着力降低实体经济成本。不断提高科技创新的贡献份额，强化企业创新主体地位。进一步提高金融服务实体经济能力，大力发展普惠金融、科技金融、绿色金融、供应链金融。优化人力资源的支撑作用，有效调动科学家、技术人员和各类人才的积极性、主动性和创造性。

建设统一开放、竞争有序的市场体系。目标是实现市场准入畅通、开放有序、竞争充分、秩序规范。着力补齐产权制度短板，依法平等保护各类所有制经济产权，完善物权、债权、股权等各类产权相关法律法规制度，甄别纠正社会反映强烈的产权纠纷申诉案件，大力加强知识产权保护。深化劳动力、土地、资本、技术、资源等领域市场化改革，健全适应高质量发展的要素市场化配置机制。强化竞争政策基础性地位，深入推进垄断行业改革，全面实施公平竞争审查制度，放宽民间资本准入领域，建设国际一流的营商环境。

　　建设体现效率、促进公平的收入分配体系。目标是实现收入分配合理、社会公平正义、全体人民共同富裕。持续优化收入分配格局，提升初次分配公平程度，健全再分配调节机制，促进城乡居民收入稳定增长，逐步缩小收入分配差距。全面建立多层次社会保障体系，持续推进基本公共服务均等化，稳妥有序提高公共服务发展质量。确保完成并巩固深化脱贫攻坚任务，深入推进产业、教育、健康、生态和文化等扶贫，强化对特定贫困人口的精准帮扶，建立健全稳定脱贫、防止返贫的长效机制。

　　建设彰显优势、协调联动的城乡区域发展体系。目标是实现区域良性互动、城乡融合发展、陆海统筹整体优化。着眼于基本公共服务均等化、基础设施通达程度比较均衡、人民生活水平大体相当，完善落实区域协调发展战略。进一步增强东中西部和东北这"四大板块"与京津冀协同发展、长江经济带发展、粤港澳大湾区建设等区域战略的协同实施，努力体现各战略推进的精准化、差别化导向，解决区域发展不平衡不充分的突出问题。坚持陆海统筹，大力发展海洋经济。扎实有序推进乡村振兴，引导资源要素流向农业农村，推进城乡建设统一规划、基础设施互联互通、产业合理布局融合互促。全面提升城镇化发展质量，持续推进农业转移人口市民化，以城市群为主体构建大中小城市和小城镇协调发展的城镇格局。

　　建设资源节约、环境友好的绿色发展体系。目标是形成人与自然和谐发展的现代化建设新格局。重点是调整经济结构和能源结构，优化国土空间开发布局，培育壮大节能环保产业、清洁生产产业、清洁能源产业，推进资源全面节约和循环利用。加大环境污染防治和生态保护与修复力度，坚决打赢蓝天保卫战，深入实施水污染防治行动计划，全面落实土壤污染防治行动计划。有效防范生态环境风险，增加优质生态产品供给。

构建多元平衡、安全高效的全面开放体系。目标是发展更高层次开放型经济。加强对外投资有效引导、投资保护和风险防控体系建设，以"一带一路"建设为引领，推动国际产能合作，形成面向全球的贸易投资和生产服务网络。创造更有吸引力的投资环境，扩大金融、电信、教育等领域对外开放，全面实行准入前国民待遇加负面清单管理模式，鼓励外资进一步融入我国产业体系和创新体系。加强多边经贸合作，推进贸易强国建设，采取有力措施妥善应对贸易摩擦。坚定支持多边主义，积极参与推动全球治理体系变革，推动构建人类命运共同体。

切实筑牢推动高质量发展的支撑体系

推动高质量发展是一个系统工程，必须结合实际，强化顶层设计，加快构建市场机制有效、微观主体有活力、宏观调控有度的经济体制，加快探索形成推动高质量发展的指标体系、政策体系、标准体系、统计体系、绩效评价、政绩考核，创新和完善符合高质量发展要求的制度环境。

强化指标导向。对照高质量发展要求，贯彻新发展理念，突出质量第一、效益优先，兼顾宏观和微观，涵盖总量、增量、结构等多个维度，构建体现高质量发展的指标体系，具体可包括投入产出、质量效益、结构动力、风险防控、民生福祉等多个领域。适时将具备条件的指标纳入国民经济和社会发展中长期规划、年度计划，充分发挥高质量发展指标对各项工作的"指挥棒"作用。

强化政策护航。以提高发展质量、改善经济效率、促进社会公平、增强可持续性为取向，形成以财政、货币政策为基础，以产业、区域政策为引领，以消费、投资、社会等政策为支撑，各方面政策协同配合、良性互动的高质量发展政策保障体系。创新和完善宏观调控，在区间调控基础上强化定向调控、相机调控、精准调控。更好发挥国家发展规划的战略导向作用，健全推动高质量发展的规划体系。

强化标准引领。大力实施标准化战略，加快建立由政府主导制定的标准和市场自主制定的标准共同构成的新型标准体系，为推动高质量发展提供技术支撑。全面提升标准化水平，着力完善产品标准、工程标准、生产和生活服务标准、基本公共服务标准，严格生态环保标准。结合我国实际，加快将先进适用的国际标准转化为国内标准，同时推动中国标准向国际标准转化和推广应用。

强化统计监测。对照高质量发展指标体系，借鉴国际统计先进经验，推进统计标准化、规范化，逐步完善统计分类。健全统计监测制度，及时反映幸福产业、数字经济、现代供应链等新产业新业态新模式发展情况。强化统计调查实施和执法监督，完善部门统计数据共享机制，全面提升统计能力、数据质量和服务水平。

强化评价考核。对标高质量发展要求，探索建立覆盖各部门和各地区党政机关、群团组织、国有企业、科研院所及其他事业单位的分级分类绩效评价制度，实行差别化与综合性相结合、定量与定性相结合、结果与过程管理相结合的评价方式。进一步完善政绩考核，把推动高质量发展相关年度评价作为各级党政领导班子和领导干部政绩考核的重要组成部分，科学设置指标权重，完善分类差异化考核机制，引导各级政府在推动高质量发展上下硬功夫。

强化人才支撑。坚持人才是第一资源，按照推动高质量发展的需要，深入实施人才优先发展战略，统筹推进各类人才队伍建设，积极弘扬科学家、企业家和工匠"三种精神"。推进人才发展体制改革和政策创新，着力破除制约人才培养、评价、使用、流动、激励的思想束缚和制度藩篱，最大限度激发人才创新创造创业活力，形成具有国际竞争力的人才制度优势。

2018 年 1 月 15 日，国务院国资委在京召开中央企业、地方国资委负责人会议，深入学习贯彻党的十九大和中央经济工作会议精神，总结工作、分析形势，研究部署 2018 年重点任务。会议强调，要全面深入学习贯彻党的十九大和中央经济工作会议精神，坚持以习近平新时代中国特色社会主义思想为指导，坚持党对国有企业的领导，坚持稳中求进工作总基调，坚持新发展理念，按照高质量发展的要求，以深化供给侧结构性改革为主线，全力推动创新发展、全面深化国企改革、强化完善国资监管、全面加强党的建设，努力推动国有资本做强做优做大，加快培育具有全球竞争力的世界一流企业，为促进国家经济社会持续健康发展作出新贡献。

链接：

全面贯彻落实新发展理念
奋力开创国企国资高质量发展新局面 [①]

2017 年，各级国资委和中央企业深入学习贯彻习近平新时代中国特色社会主义思想，认真落实党中央、国务院决策部署，坚

---

① 肖亚庆：《全面贯彻落实新发展理念 奋力开创国企国资高质量发展新局面》，《国资报告》2018 年 02 期。

持稳中求进工作总基调，全面贯彻落实新发展理念，以推进供给侧结构性改革为主线，以提高质量效益和核心竞争力为中心，扎扎实实、埋头苦干，各项工作稳步推进，取得了明显成效。

一、2017年国企国资发展成就突出

（一）收入利润持续快速增长，创历史最好水平。2017年，国资监管系统企业累计实现营业收入50.0万亿元，同比增长14.7%；实现增加值11.5万亿元，同比增长13.0%；实现利润总额2.9万亿元，同比增长23.5%；上交税费总额3.7万亿元，同比增长11.5%。其中，中央企业累计实现营业收入26.4万亿元，同比增长13.3%；实现增加值6.6万亿元，同比增长7.8%；实现利润总额1.4万亿元，同比增长15.2%；上交税费总额2.2万亿元，同比增长5.5%。

（二）供给侧结构性改革深入推进，企业持续发展基础进一步夯实。各级国资委和中央企业坚持以新发展理念为引领，深入开展"三去一降一补"，大力推进结构调整，取得明显成效。

（三）企业改革不断深化，重要领域和关键环节取得明显进展。各级国资委和中央企业持续加强组织领导和统筹协调，改革深入推进、层层落地，整体性、协同性不断提升。

（四）国资监管不断改进加强，监管效能持续提高。各级国资委按照以管资本为主加强国有资产监管的要求，持续完善监管体制机制，监管质量和效率不断提升。

（五）党的建设全面加强，有力促进和保障了企业改革发展。各级国资委党委和中央企业党委（党组）始终把坚持党的领导、加强党的建设作为首要政治任务，把提高企业效益、增强企业竞争

力、实现国有资产保值增值作为党组织工作的出发点和落脚点，紧紧围绕生产经营抓好党建。中央企业党委（党组）把方向、管大局、保落实的领导作用进一步发挥，党的领导与公司治理融合更加紧密。

2017 年国企国资改革发展取得的成绩，是多年攻坚克难、久久为功成效累积的结果。这些成绩的取得，根本在于以习近平同志为核心的党中央的坚强领导，在于习近平新时代中国特色社会主义思想的科学指引。这些成绩的取得，是中央国家机关各部门、各地党委政府和社会各界大力支持和帮助的结果，更是国企国资广大干部职工坚定信心、锐意改革、砥砺奋进的结果。

二、2018 年要抓好八项重点工作

党的十九大是在全面建成小康社会决胜阶段、中国特色社会主义进入新时代的关键时期召开的一次十分重要的大会。大会进一步确立了习近平总书记在党中央和全党的核心地位，把习近平新时代中国特色社会主义思想确立为我们党必须长期坚持的指导思想，在党的历史上、新中国发展史上、中华民族发展史上都具有划时代的里程碑意义。当前和今后一个时期，我们要把深入学习贯彻习近平新时代中国特色社会主义思想和党的十九大精神作为首要政治任务，切实在学懂弄通做实上下功夫，在抓实抓牢抓深上下功夫，进一步增强"四个意识"、坚定"四个自信"，坚决维护习近平总书记的核心地位，坚定维护党中央权威和集中统一领导，自觉用习近平新时代中国特色社会主义思想武装头脑、指导实践、推动工作，努力在新时代开启新征程、续写新篇章。

党的十九大对国企国资改革发展作出重大部署，明确指出

"要完善各类国有资产管理体制，改革国有资本授权经营体制，加快国有经济布局优化、结构调整、战略性重组，促进国有资产保值增值，推动国有资本做强做优做大，有效防止国有资产流失。深化国有企业改革，发展混合所有制经济，培育具有全球竞争力的世界一流企业。"中央经济工作会议对推动高质量发展、深化国企国资改革、做强做优做大国有资本等进一步提出了明确具体的要求。这些部署和要求为我们坚定不移搞好国有企业、毫不动摇做强做优做大国有资本指明了正确方向，提供了根本遵循。

今后 3 年是决胜全面建成小康社会的关键时期。我们要振奋精神、继续奋斗，到 2020 年努力实现重要领域和关键环节改革取得决定性成果，发展混合所有制经济取得积极进展，公司法人治理结构更加健全，党组织在公司治理中的法定地位更加巩固，企业党委（党组）领导作用更好发挥，形成更加符合我国基本经济制度和社会主义市场经济发展要求的中国特色现代国有企业制度和灵活高效的市场化经营机制；国有资产监管制度更加成熟，相关法律法规更加健全，监管手段和方式不断优化，监管的系统性有效性明显提高，国有资产保值增值责任全面落实；国有资本布局结构更趋合理，进一步向重点行业、关键领域、优势企业集中，国有资本功能进一步放大，流动性和配置效率进一步增强，运行质量和效益进一步提升，国有资本进一步做强做优做大；造就一批对党忠诚、勇于创新、治企有方、兴企有为、清正廉洁的优秀企业家，形成一批在国际资源配置中占主导地位的领军企业、一批引领全球行业技术发展的领军企业、一批在全球产业发展中具有话语权和影响力的领军企业，从而培育一大批具有全球竞争力的世界一流企业。

2018年是贯彻党的十九大精神的开局之年，是改革开放40周年，是决胜全面建成小康社会、实施"十三五"规划承上启下的关键一年。2018年生产经营主要目标任务是：国有企业效益实现稳定增长，国有资本保值增值率、回报率进一步提升，企业流动资产周转率进一步提高，资产负债率进一步下降。

2018年要着力抓好八个方面重点工作：

（一）着力抓好效益稳定增长，进一步巩固企业发展良好态势。我们必须深刻认识，稳中求进工作总基调是我们党治国理政的重要原则，是做好经济工作的方法论，牢固树立稳是主基调、是大局的战略思想，做到政策要稳、运行要稳，保持企业运行在合理区间，保证发展大局稳定。一要加强形势研判抢抓市场机遇。要准确把握新形势对企业生产经营提出的新要求，敏锐捕捉市场变化带来的新机遇，巩固传统市场、开发新兴市场、深挖细分市场。要密切关注大宗商品价格变化，及时调整应对举措，全力确保经济平稳运行、稳中有进。二要明确目标任务分解落实责任。科学制定全年计划和预算安排，确保全年目标任务实现。制定可量化、可操作的工作方案，层层分解目标、层层落实责任。完善考核分配机制，充分调动和发挥广大干部职工的积极性主动性创造性。各地国资委要结合地方实际，按照地方党委、政府要求，制定积极向上的目标任务。三要深挖内部潜力降低成本费用。确保实现中央企业平均百元收入负担的成本费用同比下降，营业成本增幅低于营业收入增幅。加大重点行业企业成本压控力度。加大资金集中管控力度，加快内部资金融通，2018年中央企业资金集中度要力争提高到80%。抓好采购管理对标提升，着力打造集中统一、高效透明、共享共赢的供应链体系，有效降低采购成本和库存。进一步加大"两金"压降力度，确保"两金"增幅低于收入增幅，力争实现重点行业"两金"规模零增长。四要强化协同合作实现互利共赢。深入推进行业内资源共建共享和产业链上下游互助合作。中央企业与地方国有企业要进一步加强沟通、相互支持，积极探索开展交叉持股、战略联盟等多种方式合作，努力实现共赢发展。五要加强市值管理增加股东回报。坚持以提升内在价值为核心的市值管理理念，依托上市公司平台整合优质资产，不断提升价值创造能力。强化信息披露，加强与投资者的沟通交流，坚持规范运作，争做优秀的上市公司。六要对标一流企业夯实基础管理。

需要特别强调的是，中央企业在提高自身效益的同时，要积极履行社会责任，坚决完成好所承担的精准脱贫任务，积极开展援疆援藏援青工作，有效发挥中央企业贫困地区产业投资基金作用，大力实施产业支援、对口支援、人才支援、就业支援、技术支援，为打好精准脱贫攻坚战作出更大贡献。

（二）着力抓好供给侧结构性改革，进一步提高实业发展质量。实业是国有企业的安身立命之本和职责使命所在，必须一心一意做强做优实业，坚持质量第一、效益优先，按照高质量发展要求，深化供给侧结构性改革，紧紧围绕主业做好发展这篇大文章。一要扎实推进瘦身健体。大力化解过剩产能，2018 年中央企业要完成化解煤炭过剩产能 1265 万吨、整合煤炭产能 8000 万吨目标任务，积极推动煤电去产能，做好有色金属、船舶制造、炼化、建材等行业化解过剩产能工作。深入推进"压减"工作，力争年底前累计减少法人户数 18% 以上，压缩管理层级至 5 级以内，为 2019 年上半年全面完成"压减"总目标打好基础。持续推进"处僵治困"，认真抓好全年800户"僵尸企业"、特困企业处置治理工作，努力实现年底前"僵尸企业"基本出清和特困企业整体盈利。开展中央企业亏损子企业全面排查摸底，做好重点企业改革脱困工作。二要加快制造业优化升级。以智能制造为着力点，加快发展先进制造业，落实好国务院增强制造业核心竞争力三年行动和新一轮技术改造升级工程，积极培育世界级先进制造业集群。深入实施"互联网＋"行动，推动制造业向数字化、网络化、智能化转型。三要将资源更多投向战略性新兴产业，加快人工智能领域布局，引领新兴产业集群发展，努力形成新的增长点。强化军民深度融合发展，加快军民互动，实现相互支撑、有效转化。四要厚植企业发展质量优势。大力提高企业运行质量，加快生产要素的合理流动和优化配置，不断提高投入产出效率，推动企业理念、目标、制度、经营全方位适应高质量发展要求。

（三）着力抓好创新驱动，进一步增强企业核心竞争力。必须牢牢把握新一轮世界科技革命和产业变革机遇，加大创新投入力度，提高创新能力和水平，促进新旧动能加快转换。一要积极承担国家重大战略科研任务，努力牵头承担更多重要关键共性技术攻关任务，充分发挥中央企业在技术创新中的引领带动作用。不断增强原始创新和自主创新能力，尽快攻克更多前瞻性、原创性、颠覆性的关键核心技术。二要充分发挥创新要素合力。加快建立以企业为主体、市场为导向、产学研深度融合的技术创新体系，形成企业与科研机构、大学、国家实验室等功能互补、良性互动的协同创新新格局。完善产业创新链，加快科技成果向现实生产力转化。积极融入全球创新网络，主动牵头或参与国际大科学计划和工程，把握全球科技竞争先机。三要着力打造"双创"升级版。

继续办好中央企业熠星创新创意大赛，积极推进国家"双创"示范基地建设，搭建更多创新资源开放共享平台。研究探索大中小企业融通发展新模式，完善多层级创新发展基金系，探索资源共享、资本扶持、团队合作等多种方式，孵化培育"特尖专精"的创新型小微企业。四要持续激发创新活力。鼓励中央企业实施股权、期权、分红等激励措施，充分调动各类人才积极性和创造性。营造尊重劳动、尊重知识、尊重人才、尊重创造的良好风尚。

（四）着力抓好布局结构优化调整，进一步提高国有资本配置效率。优化国有经济布局结构是做强做优做大国有资本的重要举措，必须聚焦国家战略领域，坚持市场化导向，加快推进横向联合、纵向整合和专业化重组，扎实推动国有资本优化配置。一要突出战略规划引领。引导优势企业牵头发起主业方向的产业投资基金，创新企业投融资模式，以增量优化促进存量调整，有效发挥引领带动作用。二要扎实推进战略性重组，稳步推进装备制造、煤炭、电力、通信、化工等领域中央企业战略性重组。以重组整合为契机，深化企业内部改革和机制创新，放大重组效能。三要积极推进专业化整合。以拥有优势主业的企业为主导，发挥国有资本运营公司专业平台作用，持续推动煤炭、钢铁、海工装备、环保等领域资源整合，减少重复建设。结合国家重大专项、行业体制改革等，围绕重点领域整合现有优质资源，适时培育孵化新的产业集团公司。四要稳步开展国际化经营。积极推进"一带一路"建设，抓好重点项目实施，着力获取先进技术、优化全球布局、打造国际品牌。创新对外投资方式，打造深化国际产能和装备制造合作新平台，加快形成面向全球的资源配置和生产服务网络，积极培育国际合作竞争新优势。

（五）着力抓好改革举措落实落地，进一步推动重要领域和关键环节取得突破性进展。深化改革是推动国有企业发展的根本动力，要按照"1+N"系列改革文件的部署要求，紧紧围绕增强活力、提高效率，坚决破除束缚企业发展的体制机制障碍，加快构建灵活高效的市场化经营机制。一要加快改革试点拓展深化。深入推进"十项改革试点"，加强改革经验总结交流，形成模式、复制推广。实施"双百行动"，选取百户中央企业子企业和百家地方国有骨干企业，深入推进综合改革，打造一批改革尖兵。建立改革举措实施效果后评价机制，促进改革举措落地见效。二要加强和改进董事会建设。推动中央企业集团层面全面建立规范董事会，制定完善中央企业外部董事选聘和管理的规范性文件，建立健全外部董事履职支撑和服务体系。统筹推进落实董事会职权、推行经理层成员契约化管理、建立职业经理人制度、实施差异化薪酬分配等试点工作，探索建立企业党组织内嵌到公司治理结构的有效方式，不断健全完善中国特色现代国有企业制度。三要推进股权多元化和混合所有制改革。选择具备条件的中央企业推进集团层面股权多元化，积极探索有别于国有独资公司的治理机制和监管模式。积极推进主业处于充分竞争行业和领域的商业类国有企业混合所有制改革，进一步推动重点领域混合所有制改革试点。健全混合所有制企业治理机制，探索优先股、特殊管理股制度。系统总结国有控股混合所有制企业员工持股试点经验，扩大试点范围，建立激励约束长效机制。四要改革国有资本授权经营体制。进一步扩大两类公司试点范围，推进综合性改革，着力提高国有资本运作效率和水平。创新国有资本运营模式，推动各类国有资本基金规范运作、发展壮大。五要深化三项制度改革。在主业处于充分竞争行业和领域的商业类子企业推进经理层任期制和契约化管理。改革国有企业工资决定机制，完善职工工资总额管理制度体系，合理拉开收入分配差距，充分调动广大职工积极性。全面实施以合同管理为核心、以岗位管理为基础的市场化用工制度。六要加快解决历史遗留问题。年底前基本完成"三供一业"分离移交、独立工矿区办社会职能剥离、企业办教育医疗机构分类改革工作。深入推进国有企业退休人员社会化管理，逐步在全国推开试点。稳妥推进厂办大集体改革，力争在东北地区取得实质性进展。扎实开展培训疗养机构改革，积极探索向健康养老产业转型。七要加强宣传舆论引导。聚焦改革开放40周年开展系列宣传活动，全方位展现国企国资改革发展成就，为国企国资改革发展营造良好舆论环境。

（六）着力抓好重点领域风险防控，进一步筑牢不发生重大风险底线。防范化解重大风险是国有企业打赢三大攻坚战的重中之重，要坚持底线思维，采取过硬措施，及时防范、有效化解各类重大风险。一要全面梳理排查风险隐患。各级国资委和中央企业要坚持问题导向、增强忧患意识，认真梳理、全面排查各类风险点，密切关注形势变化可能带来的新风险、新隐患，切实做到预案在先。企业集团层面要担负起防范风险主体责任，着力将风险消灭在萌芽状态，重要情况及时报告。二要严控各类债务风险。力争中央企业带息负债占负债总额比例进一步降低、平均资产负债率稳中有降。持续提升直接融资特别是股权融资比重，积极稳妥推进市场化法治化债转股。持续加强债券兑付风险管控，强化中央企业债券发行比例管理和履约情况监测。各地国资委也要督促监管企业做好融资、债务情况分析研究，进一步降低负债率。

三要严控投资风险。制定《中央企业投资监督管理办法》和《中央企业境外投资监督管理办法》实施细则，细化投资事前、事中、事后监管要求。严控非主业领域PPP项目投资，严禁开展单纯追求做大规模、不具备经济性的PPP项目，稳妥处置存量PPP项目风险。四要严控国际化经营风险。建立健全跨部门信息沟通、项目全周期风险管控、违规行为联合惩戒机制，坚决遏制无序恶性竞争。探索建立境外重大项目预报告制度、第三方风险评估制度，严控境外投资、法律诉讼、廉洁等风险，确保境外资产安全可控、有效运营。密切关注地缘政治局势变化，做好境外安全事件和突发事件的应急处置预案，切实保护好海外员工和资产安全。五要严控金融业务。中央企业金融业务必须紧紧围绕实业、服务主业有序开展，严防脱实向虚倾向，严禁脱离主业单纯做大金融业务。全面加强委托贷款、内保外贷、融资租赁等高风险业务管控，严禁融资性贸易和"空转"贸易。研究建立中央企业金融业务风险监控报告体系，开展风险自查专项活动，不断提高风险防控能力。六要严防重特大安全事故和重大污染事件发生。

（七）着力抓好监管体制机制完善，进一步提高国资监管水平。完善国有资产管理体制，促进国有资产保值增值，有效防止国有资产流失，是各级国资监管机构的重要职责，必须坚持以管资本为主，进一步转变监管职能、增强监管效能。一要出台权力和责任清单。进一步梳理国资监管机构职能和各项规章制度，明确出资人监管职责边界，确保职能定位更加准确清晰、监督管理更加规范高效。二要持续改进监管方式。深入推进分类监管，按照分类改革、分类发展、分类考核的要求，强化目标导向，突出监管重点。持续推进国务院国资委机关政务信息系统整合共享，启动中央企业大额资金使用实时跟踪试点，探索建立和完善国资监管信息化工作平台，健全中央企业产权、投资、财务等监管信息系统，推进信息化与监管业务深度融合。全面梳理优化监管流程，建立系统科学有效的监管标准和制度体系。深化国资监管法治机构建设，推动重点领域立法，推进依法行权履职。推进经营性国有资产集中统一监管。三要强化监督和责任追究。加强业务监督，进一步加强对投资、产权、财务、考核分配、选人用人等重点环节监督管理。继续扩大委派总会计师试点范围，加强派后管理，落实总会计师责任。加强境外国有资产监督。加强改进外派监事会监督。切实加强对企业内控体系完整性、有效性的监督。对发现的问题要建立台账，及时调查核实，逐一督促整改。制定出台《中央企业违规经营投资责任追究实施办法》，依法依规严肃查处违规造成的重大损失问题。四要加强对地方国企国资改革发展工作的指导。指导下级国资监管机构准确把握改革方向、科学制定改革举措，加强改革协同，共同研究解决重点难点问题。健全工作机制，加强工作交流和信息共享，切实增强国资监管系统合力。积极搭建企业合作平台，促进企业间战略合作，加强供需对接，打造"共享竞合"新模式，共同应对困难和挑战，实现互利共赢。五要积极推进重大问题调查研究。各级国资委和中央企业要紧紧围绕十九大新部署新要求，集聚智库、高校、科研院所等研究力量，集中开展重大问题调查研究，形成一批针对性、指导性、可操作性强的高水平研究成果，为推动国企国资改革发展提供丰富实践案例和坚实理论支撑。

（八）着力抓好管党治党责任落实，进一步加强党的领导党的建设。按照党章和十九大提出的新时代党的建设总要求，结合贯彻落实全国国企党建会精神，坚持以政治建设为统领，推动全面从严治党不断向纵深发展。坚持党对国有企业的领导，深入落实党建工作责任制实施办法，建立健全考核评价机制，确保责任落实到位。充分发挥企业党委（党组）领导作用，把方向、管大局、保落实，确保中央各项决策部署得到坚决贯彻。坚持党管干部原则，突出政治标准，从严选拔管理企业领导人员，全心全意依靠职工办企业，建设一支高素质的干部职工队伍。深入推进党风廉政建设和反腐败工作，贯彻落实中央八项规定精神，驰而不息纠正"四风"，巩固风清气正的发展环境。

当前，国企国资改革发展正处在涉深水滩、啃硬骨头的关键时期，完成全年目标任务绝非轻而易举，仍然面临许多困难和挑战，必须付出艰苦的努力。习近平总书记多次强调"一分部署，九分落实"，深刻指出"抓落实是党的政治路线、思想路线、群众路线的根本要求，也是衡量领导干部党性和政绩观的重要标志，抓落实体现党性修养，体现思想作风，体现精神状态，体现能力素质"。各级领导干部特别是中央企业主要负责人，要在狠抓落实上下功夫，切实以钉钉子精神把中央决策部署和改革发展各项具体工作抓紧抓实、抓出成效。

让我们更加紧密地团结在以习近平同志为核心的党中央周围，不忘初心、牢记使命，脚踏实地、苦干实干，一步一个脚印，奋力开创国企国资高质量发展新局面，为实现"两个一百年"奋斗目标和中华民族伟大复兴中国梦作出新的更大贡献！

国务院研究室副主任杨书兵指出，推动高质量发展，必须深刻理解其丰富内涵和精神实质，坚持稳中求进工作总基调，解决好关键性问题，科学合理、积极稳妥地开展，要科学把握高质量发展的要义、正确处理质量和速度的关系、要抓关键有重点、因地制宜推动高质量发展。

链接：

质量和速度的辩证关系[①]

发展质量和增长速度，既相互依存、相辅相成，又具有一定矛盾性。发展是质量和速度的统一体，缺一不可，失衡也不可。如果经济增速过低，滑出合理区间，就失去了提升发展质量的前提条件，就像骑自行车一样，没有一定速度，其他都无从谈起。反过来说，如果经济发展质量过差，不仅难以保持稳定增长，也会使增长效果大打折扣。必须正确处理二者关系，把握好他们之间的"度"和平衡，以合理增速为提升质量创造条件，以高质量发展促进长期平稳增长。总的说，我们不能再走一味追求速度的增长老路，而应更加关注质量效益，追求在合理经济增速下的高质量发展，走出一条质量更高、效益更好、结构更优的发展新路。同时，也要认识到，我国仍是一个发展中国家，仍处在社会主义初级阶段，要全面建成小康社会，实现全球范围内的"追赶"和"超越"，必须保持相当的经济增速。比如，一些研究机构认为，我国经济规模要赶超美国，即使保持中高速增长，也需要10年以上时间。特别是，质量效益提升是一个渐进过程，我国经济的速度效益性特征难以一朝改变。这就需要处理好远近关系，尊重经

[①] 杨书兵：《大力推动高质量发展》，北京：中国言实出版社，2018年。

济发展规律，努力实现经济平稳增长和质量效益提高的互促共进，推动经济在中高速增长中迈向中高端水平。

广东财经大学工商管理学院王斌认为推动经济高质量发展是一项涉及诸多方面的系统工程，关键是做好"加减乘除"法。

链接：

做好高质量发展的"加减乘除"法[1]

推动经济高质量发展是现阶段我国经济发展的根本要求。它既是深化供给侧结构性改革、实现经济发展新旧动能转换的目标指向，又是跨越"中等收入陷阱"、开创我国现代化建设新局面的重大举措。推动经济高质量发展是一项涉及诸多方面的系统工程，关键是做好"加减乘除"法。

加快传统产业转型升级，培育壮大新兴产业，做好加法。习近平同志指出，做加法，就是扩大有效供给和中高端供给，补短板、惠民生，加快发展新技术、新产业、新产品，为经济增长培育新动力。目前，传统产业低成本、高消耗的发展模式已难以为继，而且与人民日益增长的美好生活需要不相适应。推动经济高质量发展，必须着力补齐短板、转换动能，加快传统产业转型升级，培育壮大新兴产业。要推进工业化与信息化深度融合，促进产业迈向全球价值链中高端。推进互联网、大数据、人工智能与实体经济深度融合，促进制造业数字化、网络化、智能化，培育

---

[1] 王斌：《做好高质量发展的"加减乘除"法》，《人民日报》2018年05月07日07版。

更多新增长点。

减少低端和无效供给，降低实体经济成本，做好减法。习近平同志指出，做减法，就是减少低端供给和无效供给，去产能、去库存、去杠杆，为经济发展留出新空间。我国钢铁、水泥等部分传统产业供给质量不高、供给与需求不匹配等问题比较突出，"僵尸企业"和落后产能过剩仍然存在。同时，实体经济的资源成本、劳动力成本上升较快，物流成本偏高，削弱了中低端产业的国际竞争力，妨碍了高端产业竞争力提高，增加了经济运行风险。推动高质量发展，必须大力破除不适应市场需求、污染严重的低端和无效供给，扩大有效和中高端供给，不断优化产业结构，切实降低实体经济成本，增强经济体系的适应性和灵活性。应把处置"僵尸企业"作为重要抓手，推动化解过剩产能，为增强产业竞争力腾出更多资源。

强化科技创新驱动，增强金融服务实体经济能力，做好乘法。经过长期努力，我国科技发展成就显著，金融服务实体经济的能力不断提升。但目前科技源头创新短缺、科技成果转化渠道不畅和资金"脱实向虚"问题依然突出。推动高质量发展，需要着力补齐科技创新短板，充分发挥金融在经济发展中的"乘数效应"。一方面，加强国家创新体系建设。建立以企业为主体、市场为导向、产学研用深度融合的技术创新体系，倡导创新文化，强化知识产权保护，支持大众创业、万众创新，使科技创新成为产业升级的持续驱动力。同时，激发和保护企业家精神，培养造就一大批具有国际水平的人才和创新团队，培育知识型、技能型、创新型劳动者大军。另一方面，大力增强金融服务实体经济能力。进一步深化金融体制改革，促进金融回归实体经济本源，大力支持世界级先进制造业集群和世界一流企业发展，实现金融和实体经济良性循环。

推进体制机制创新，破除制度性障碍，做好除法。推动经济高质量发展，要全面推进体制机制创新，处理好市场"看不见的手"和政府"看得见的手"之间的关系，充分发挥市场在资源配置中的决定性作用，更好发挥政府作用。一方面，继续深入推进"放管服"改革，减少政府对经济活动的直接干预，切实降低制度性交易成本，充分激发企业的活力和创造力；加强和完善政府经济调节、市场监管、社会管理、公共服务、生态环境保护职能，营造良好发展环境。另一方面，深化市场体制改革，建设统一开放、竞争有序的市场体系，实现市场准入畅通、市场开放有序、市场竞争充分、市场秩序规范，加快形成企业自主经营公平竞争、消费者自由选择自主消费、商品和要素自由流动平等交换的现代市场体系。

国务院发展研究中心副主任张军扩认为，由高速增长阶段转向高质量发展阶段，其实质是发展方式的转变，不仅涉及产品、服务、设施、环境等多方面的质量提升，也涉及理念、文化、体制、政策等多方面的措施保障和协力配合，可以说是一项复杂的系统工程。其中尤其需要处理好四个方面的重要关系：一是要处理好发展新技术、新产品、新业态与传统产业转型升级、提质增效的关系。新技术、新产业、新业态的发展有利于提高产品和服务的科技含量和质量水平，这一点是毫无疑问的。但另一方面，传统产业尤其是传统制造业的质量提升，也是新时代转向高质量发展的重要方面，而且从某种意义上可以说是更加重要的方面。因为传统制造业范围更广、体量更大，对满足人民群众需要和国家整体发展的影响更大。目前我国已经成为制造业大国，但还不是制造业强国，其中的短板，除技术水平外，关键在于总体而言我国制造业产品的质量档次、安全标准等不高。没有夕阳的产业，只有夕阳的技术、产品和企业。传统产业转型升级不仅大有可为，而且前景广阔。核心的问题就是，要通过智能化、精细化、绿色化、服务化、品牌化，促进传统产业的转型升级，提高其质量、效率和竞争力。二是要处理好制造业质量提升和服务业质量提升的关系。目前我国服务业增加值在 GDP 中的比重已经超过了 50%，成为经济的主体。但与制造业类似，服务业存在的主要问题也是规模大但质量层次有待提高。以生活性服务业为例，近年来随着我国发展水平的提高，在旅游、休闲、观光、文化、体育等方面的需求越来越大，但由于这些领域在服务质量、安全标准等方面良莠不齐，问题频出，不仅严重打击国内消费者的信心，使大量的消费需求转向国外，也对我国相关产业领域的国际形象造成不良影响。生产性服务业的情况也基本类似。金融保险服务、电信数据服务、会计审计服务等整体存在质量不高的问题，不仅限制了自身的发展，对其他领域的转型升级也形成了制约。三是要处理好产业质量提升与城乡建设质量提升的关系。城乡建设不仅是国家现代化的重要内容，也是影响人民群众生活水平的重要方面。改革开放以来，我国在城乡建设方面取得的成就举世公认、有目共睹，但同时也存在不少的短板和需要改进提升的领域。比如，在城市建设中普遍存在地下综合管网建设不足、质量不高问题。再比如，老旧小区地面车满为患、年久失修问题突出，等等。今后不仅要提高新建房屋的标准和质量，也要着力对这些老旧小区进行改造。此外，还要关注农村建设质量问题。四是要处理好经济社会发展与环境质量提升的关系。好的生态环境和人居环境，不仅是美好生活的基本要求，也是现代化的重要内容。经过多年来的努力，我国在这方面已经取得了一些进展，但生态环境、人居环境的短板依然突出，仍然是今后需要努力的领域。

链接：

推动高质量发展的关键：加快完善体制和政策环境[1]

中央经济工作会议提出，必须加快形成推动高质量发展的指标体系、政策体系、标准体系、统计体系、绩效评价、政绩考核，创建和完善制度环境，推动我国经济在实现高质量发展上不断取得新进展。

长期以来，党和政府十分重视根据经济发展阶段和发展形势的变化，与时俱进地创新发展思路、改革体制机制、转变发展方式。从大方面来讲，目前我国已经形成了一个比较好的有利于促进经济转向高质量发展的体制和政策环境，经济转向高质量发展也呈现出比较好的势头。从进一步完善制度政策环境的角度来讲，最核心的一点，还是要在处理好政府与市场的关系方面进一步下功夫，更好发挥政府作用，使市场在资源配置中起决定性作用。

一是要进一步转变政府职能，减少对经济活动特别是产业升级方向、方式以及产业优胜劣汰与重组等的直接干预。转向高质量发展阶段，经济增长更多依靠创新，技术进步和产业发展方向

---

[1] 张军扩：《加快形成推动高质量发展的制度环境》，《中国发展观察》2018 年第 01 期。

会面临更大的不确定性。政府过多直接干预，不仅会扭曲市场信号，降低市场效率，也会造成新的损失，积累新的风险。政府的作用，要更多转向功能型社会性支持政策，切实完善社会保障制度，防范和化解财政金融风险，为市场作用的发挥创造更好的社会环境。

二是要根据实际情况的变化，及时更新和提高环境、质量、安全标准并严格执行。党的十八大以来，通过环境督查，大大增强了环保执法力度，取得了明显效果。今后需要通过改革使之逐步走向常态化、法制化。通过环境、质量、安全等技术标准实施社会性规制，保护公共利益，既是政府职责所在，也是形成倒逼机制，实现优胜劣汰和促进产业升级的有效途径。

三是要进一步采取措施改善市场秩序，为优质优价、优胜劣汰创造有利的市场环境。企业创新和提升质量的根本动力在于优质优价、优胜劣汰，政府作用的着力点也应放在这里。这既包括通过相关行政机构，依法依规实施更加严格的市场监管，也包括充分发挥和利用好市场化、社会化的检验检测、认证认可等中介服务机构，发挥其在消除信息不对称、促进和强化市场竞争方面的积极作用。

四是要进一步完善促进创新发展的制度环境。包括知识产权保护制度、鼓励科研创新的科研管理制度、鼓励成果转化的期权股权激励制度、政府采购制度，以及鼓励创新的监管制度等。

五是要进一步深化重点领域的改革，包括土地制度、国企改革、金融改革、干部制度改革等。只有这些改革取得实质性进展，推动经济高质量发展才会具有比较坚实的基础。

国务院发展研究中心研究员段炳德认为实现高质量发展要注意宏微观四大方面的提升和三大环境改善：（1）宏微观四大方面的提升。从宏观条件看，一是要有可持续的增长动力。创新驱动成为经济增长的重要源泉，创新将为传统产业插上腾飞的翅膀，减少升级换代带来的转型痛苦，创新更能创造新的供给，满足新的需求，产生新的产业，打开新的市场。靠科技投入和人的素质的提高带来的全要素生产率的提高，将成为拉动中国经济增长的主要力量。二是要有更加平衡的经济结构。区域发展更加均衡，东北地区、中西部地区与东部发达地区的差距逐渐缩小，人民的生活水平更加接近。近几年来，西部省份经济高速增长，差距正在不断缩小，实现高质量发展将进一步弥补现有差距。产业结构更加合理，第三产业占比和对经济的贡献率不断提高，2016 年，第三产业占到 GDP 的比重超过 50%。需求结构更加稳健，投资、消费、出口的增长相对均衡，内需在经济增长中的作用明显加强，投资更加精准有效，出口产品在价值链上不断攀升。从微观条件看，一是要有更可靠的产品质量。产业链、价值链不断攀升。中国作为世界工厂，不仅能够生产供全世界人民使用的服装鞋帽、礼品玩具，还能够生产高精尖的电子产品，不仅是代工，还能够设计，推广属于自己的品牌，不仅能够征服国内市场，还能够具有国际市场的号召力。二是更温馨的服务水平。制造业高质量的发展，必须伴随服务业的高质量进步。依托信息化和网络化，建立高水平的生产性服务能力。使企业在研发、设计、行销、制模等领域都处于产业前沿；依托标准化和个性化，建立高质量的生活性服务供给能力，在餐饮、娱乐、出行、住宿等方面满足人们不断对美好生活的向往。要实现产品质量的提高和服务水平的提升，就需要有良好的营商环境，健全的现代企业制度和竞争有序的市场。这一切都是市场在配置资源中起决定性作用。需求与供给是互相匹配、互相引导的。消费升级带来供给调整，带来生产端的创新与提升。（2）实现三大环境的提升。实现高质量发展必须要实现三大环境的提升，首先，要实现金融环境稳定性的提升，即要有更加稳定的金融体系，地方债务风险得到有效释放，金融脆弱性不断降低，宏观审慎的监管环境更加灵活有效，金融基础设施更加的发达，互联网金融得到有效监管，物价、汇率相对稳定，真正为实体经济的发展提供强有力的支撑。其次，要实现自然环境提升，有更加环保的生存环境。大气污染治理要取得明显成效，蓝天白云成为常态、水污染治理明显进步，溪流潺潺重新浮现，固废处理更加环保，每天为现代社会生产的巨量垃圾提供可回收可循环的处理措施。第三，要实现收入分配环境提升，要有更加合理的收入分配水平。城乡差距、人群差距、区域差距不断缩小，社会越来越呈现橄榄型特点，中等收入阶层占多数、富人和穷人占少数的社会，实现有质量的幼有所教、老有所养。城镇化程度不断提高，乡村更加宜居，产业更加振兴。改善三大环境这就需要开展三大战役。打赢环保战，需要充分发挥法律、行政、制度、市场、技术等有效手段，奖优罚劣，确保经济发展的绿色化。打赢脱贫攻坚战，应该在现有成果的基础上，继续努力、毫不松懈，充分发挥政府投入主渠道的作用，落实地方政府主体责任，团结社会扶贫的各种力量，坚持精准扶贫、精准脱贫，确保如期打赢脱贫攻坚战，实现全面建成小康社会。防范风险，尤其要防范金融风险。

同时，段炳德认为，要继续深化改革、扩大开放。实现高质量发展就要继续深化改革、扩大开放，充分发挥市场与政府的作用。经济高增长阶段，每年接近10%的高速增长，这一方面得益于改革开放解放了生产力，市场配置资源释放了强大的活力；另一方面得益于中央政府的顶层设计和正确决策以及地方政府的奋发有为和良性竞争。进入高质量发展阶段，更要处理好政府与市场的关系，一是要深化改革，大力祛除妨碍同一市场的因素，充分发挥市场在配置资源中的决定性作用，培育良好的市场环境。二是要注重建设有为政府，提高决策的科学性、准确性和规范性，提升公务人员的积极性、主动性和创造性。实现高质量发展，相关政策体系需要全面更新，要制定新的指标体系、政策体系、标准体系、统计体系、绩效评价、政绩考核体系等。要继续加大创新投入的力度，加大保护产权的力度，创造鼓励创新、激励创新的制度和环境。用好用足"大众创业、万众创新"的政策红利。充分发挥企业市场主体作用，激励企业家精神。保护劳动者利益，实现劳动力素质的有效提升。

中国人民大学副校长刘元春认为推动我国经济高质量发展要形成高质量发展的激励效应，激发高质量发展的内生动力。

链接：

形成高质量发展的激励效应 [①]

构建出社会各阶层共享高质量发展的制度体系，从而使社会主体具有全面改革、全面创新、走高质量发展道路的内生动力。

当前，"高质量发展"已经成为社会各界的共识。中央进一步提出，要抓紧出台推动高质量发展的指标体系、政策体系、标

———

① 刘元春：《形成高质量发展的激励效应》，《人民日报》2018 年 07 月 16 日 05 版。

准体系、统计体系、绩效评价、政绩考核办法，使各地区各部门在推动高质量发展上有所遵循；要主动同高质量发展的要求对表，对得上的加紧推，对不上的及时改。

习近平总书记指出，"摸着石头过河和加强顶层设计是辩证统一的""推动顶层设计和基层探索良性互动、有机结合"。推动高质量发展，同样需要实现顶层设计和基层探索良性互动。一方面，顶层设计要增强系统性、整体性和协同性，避免各自为战，防止出现没有底线和规范的"乱作为"；另一方面，给予广大基层和企业主体试错空间，鼓励基层探索、企业创新。顶层设计强调底线管理、凸显负面清单原则，同时给予市场主体充足动力和空间，才能让高质量发展战略上有规划、战术上有探索，形成有整有零、有经有权的格局。

实现高质量发展，说到底是要在量的积累的基础上实现质的提升，推动经济发展质量变革、效率变革、动力变革，提高全要素生产率。应该看到，粗放式发展不会自动转向高质量发展，简单的行政命令也无法催生高质量发展的内生动力。正因如此，建立与高质量发展相匹配的利益激励、政绩考核等机制才尤为重要，有利于释放积极性，促进广大基层和企业主体自觉推动高质量发展。

其中的关键，则是形成与高质量发展利益相融的激励效应。高质量发展不仅是一场深刻的质量变革、效率变革和制度变革，更是一场利益关系的变革。如何让各级机构和地方真正聚焦到高质量发展，不仅需要厘清粗放发展带来的各种问题，分析清楚解决这些问题的制度方案，更为重要的要从根本上动摇粗放式发展背后所潜伏的利益基础，构建出社会各阶层共享高质量发展的利益关系和制度体系，形成鼓励高质量发展的荣誉制度和道德体系，从而使社会主体具有全面改革、全面创新、走高质量发展道路的内生动力。

从高速增长转向高质量发展，不仅是经济发展阶段的转换，更意味着发展目标、激励方式和行为模式的全面转变。加快形成推动高质量发展的指标体系，以取代过去几十年以经济速度为核心的指标考核体系和激励体系，正是加强高质量发展顶层设计的突破口和先手棋。没有清晰的指标体系，就难以明确高质量发展的内涵和方向；建立高质量发展的政绩考核体系和指标体系，才能改变地方政府和各级部门的利益关系和行为模式，借助指挥棒让"高质量"真正引领经济发展。

高质量发展，是能够很好满足人民日益增长的美好生活需要的发展，是创新成为第一动力、协调成为内生特点、绿色成为普遍形态、开放成为必由之路、共享成为根本目的的发展。形成高质量发展的激励效应，激发高质量发展的内生动力，才能不断增强我国经济创新力和竞争力，建设现代化经济体系。

企业家精神与高质量发展

推动高质量发展是一项十分复杂的系统工程，不仅涉及相关政策体制的调整、改革和完善，也涉及消费理念、社会文化等深层次的更新与转变，需要政府、企业、社会组织、消费者及社会各界的共同努力，但其中比较关键的主体和要素，是企业家和企业家精神。

国务院发展研究中心副主任、研究员张军扩认为企业家精神的核心要素与高质量发展的目标要求是内在统一的，大力弘扬企业家精神是高质量发展的重要途径。[①]

当前，在全世界范围内新一轮科技革命和产业变革已剑拔弩张、蓄势待发，国内经济发展正处于转变过渡的关键期，能否在激烈的竞争中独占鳌头，能否在经济向高质量发展转变的转型压力中爬坡过坎、奋勇前进，直接考验着企业家的创新能力、责任坚守与担当意识。企业家精神是经济实现高质量发展的动力源泉。富有企业家精神的人，是专注品质、追求卓越的人。让用户更满意，使产品和服务更细致、更人性化，是具有企业家精神的企业家们的不懈追求。富有企业家精神的人，是敢于担当、服务社会的人，是具有奉献精神的人。虽然追求利润和积累个人财富是企业家的天性，但是富有企业家精神的企业领军人物都懂得为他人、为社会付出、奉

---

①《大力弘扬企业家精神是高质量发展的重要途径》，中国经济新闻网，2018 年 04 月 03 日。

献得越多，自我的个人梦才能够获得更广泛的社会认同与尊重，个人财富才能获得更高的合法地位。习近平强调，个体劳动者私营企业协会要发挥好桥梁纽带作用，当好政策法规的普及者、深化改革的推动者、能力素质的提升者、党的建设的组织者，为个体私营企业搭建发展平台、创造发展环境，切实做好各项工作。实现高质量的经济发展新目标，需要以个体劳动者私营企业协会为依托，培育企业家文化，大力弘扬企业家精神。

链接：

企业家精神与高质量发展①

什么是企业家、什么是企业家精神的核心要素？不同学者可能会给出不同的总结和概括。《中共中央 国务院关于营造企业家健康成长环境弘扬优秀企业家精神更好发挥企业家作用的意见》将其归纳为 36 个字，即"爱国敬业、遵纪守法、艰苦奋斗、创新发展、专注品质、追求卓越、履行责任、敢于担当、服务社会"。如果进一步概括提炼的话，我认为以下 5 个词 10 个字可以构成企业家精神最为核心的要素，那就是"创新、实干、坚韧、卓越、担当"。

第一是"创新"。"创新"被认为是企业家的灵魂。企业家天生就是那些善于创新、不走老路的人。而且，创新不仅仅是科技创新，更重要的是产品创新、工艺创新、模式创新、市场创新、管理创新，等等。第二是"实干"。"实干"也是企业家精神的核

①张军扩：《推动高质量发展要弘扬企业家精神》，人民网，2018 年 06 月 14 日。

心要素。企业家必然是那些善于创新、新点子多的人，但新点子多的人不一定都是企业家。二者的根本区别就在于企业家是那些既有新想法、新点子，还善于付诸实施的人。这就要求企业家除了具有较强的创新精神之外，还必须具备较强的组织执行力和敢于冒险的精神。第三是"坚韧"。创业不会一帆风顺，会遇到各种各样的可以想象和难以想象的挫折、风险和挑战，没有超常的拼搏精神和百折不挠的意志，是很难最终取得成功的。第四是"卓越"。企业家不会是那种知足常乐、小富即安的人，而应该是永远追求最优、最强、最大、最好的人，这种追求不仅表现在数量和规模上，也表现在质量、品牌、效益和竞争力上。第五是"担当"。企业家应该是有情怀、有追求、敢于担当的人，在搞好经营的同时，要时刻想着对国家、对社会、对环境所承担的责任、义务，并努力作出贡献。

那么，什么是高质量发展的目标要求呢？不同学者从不同视角也可能会给出不同的概括。我认为，如果从发展的最本质要求出发，主要应从"效率、公平性、可持续性"三个维度进行界定。也就是说，如果能够同时满足或兼顾好"高效、公平、可持续"这三个方面的要求，那么这样的发展就是高质量的发展。

所谓高效，就是指经济具有较强的增长动力，经济发展水平和人民收入水平得到较大提高。要实现这一目标，就必须加大创新力度，完善相关体制机制，着力提高产品和服务的质量、效益和竞争力。而这一点，如上所述，正是企业家精神最为核心的内容，就是不断创新、崇尚实干。所谓公平，就是指不仅要把馅饼做大，还要把馅饼分好，以共享发展理念引领发展，维护社会公平正义，保障发展为了人民、发展依靠人民、发展成果由人民共享。要实现这一目标，离不开政府的作用，但企业和企业家精神的作用也很重要。企业家精神中的"履行责任、敢于担当、服务社会"，就包括关心员工利益、改善就业状况、注重社会责任，等等，与坚持共享发展的目标是相通的。所谓绿色可持续，就是指发展不能破坏生态环境，且要逐步修复和改善过去被破坏了的生态环境，实现对自然资源的高效循环利用，实现可持续发展。这与企业家精神更是密切相关。在企业发展过程中严格遵守国家相关法律法规和标准，高度重视生态环境保护，是企业家推动企业高质量发展的题中应有之义。

可以说，企业家精神与高质量发展的要求是高度一致、高度相通的。推动经济高质量发展，需要大力弘扬企业家精神。

中国国际经济交流中心副理事长、商务部原副部长魏建国指出，高质量发展需要高素质企业家。

链接：

高质量发展需要高素质企业家[①]

中国自改革开放以来，特别是在 20 世纪 70 年代末和 80 年代初期，涌现出了一批"胆略型"企业家，他们大多数是通过自身的拼搏和努力取得了成功。但也应该看到，这些成功是在当时以计划经济为主、市场开放不足的背景下依靠政府政策支持而取得的。他们被称作是我国改革开放的第一代企业家。

①魏建国：《高质量发展需要高素质企业家》，《北京日报》2018 年 01 月 22 日 04 版。

成功代表一个人奋斗的结果，但这些"胆略型"企业家对科技、文化、创新，特别是对市场经济缺乏基本的了解，主要是当时那个生活物资和生产资料匮乏的年代成就了我国的"企一代"，因此也可以说是"时势造英雄"。

党的十九大报告指出，中华民族迎来了从站起来、富起来到强起来的伟大飞跃。我国从过去物质匮乏转换到了物质充裕的时代。我国经济已由高速增长阶段转向高质量发展阶段，中国企业家先前的"胆略型"以及凭借自身去拼打的"拼搏型"还够不够？企业家如何转变发展方向？下一步增长的动力在哪？如何做到创新发展和承担应有的社会责任？这些都是当前我国企业家面临的紧迫任务。

新时代呼唤企业家精神，高质量发展更需要高素质的企业家。习近平主席早在 2014 年 11 月 9 日亚太经合组织（APEC）工商领导人峰会上，就首次提出企业家精神："企业家是经济活动的重要主体，要深度挖掘优秀企业家精神特质和典型案例，弘扬企业家精神，发挥企业家示范作用，造就优秀企业家队伍。"2017 年 9 月 25 日，中共中央、国务院印发的《关于营造企业家健康成长环境弘扬优秀企业家精神更好发挥企业家作用的意见》，概括了新时代企业家精神内涵：爱国敬业、遵纪守法、艰苦奋斗、创新发展、专注品质、追求卓越、履行责任、敢于担当、服务社会。

可以说，造就一大批高素质的企业家，弘扬我国"企一代""创二代"的企业家精神，不仅是应对当前我国经济高质量发展的需要，也是解决我国社会主要矛盾的需要，直接关系到我国新时代任务的完成和两个百年目标的实现。

对于这个问题的紧迫性，并不是所有的中国企业家都能意识到。当前中国的企业家主要有三种状态：第一种是仍然以过去创业的经验和计划经济条件下依靠政府、政策来进行生产经营活动，完全忽视当今市场的变化和现代个性消费的需求。第二种是对企业家精神理解不全面，以偏概全。以为实干、创新加上工匠精神就可以。对"遵纪守法、艰苦奋斗、专注品质、追求卓越、敢于担当"的社会责任缺乏了解，因而感到迷茫。第三种是面对日益发展的互联网、大数据、云计算等高科技产业、面对全球市场的供需变化，不求深入了解，随大流、看风向、靠政策、找政府，危机感不强，战略意识不够。更有甚者满足于现状，不愿意在本领的提高上和思想的转变上向前迈开一步。这是较为普遍也更令人担忧的企业家状况。

面对这种情况，我们必须在这些企业家的背上猛击一掌，大喝一声，这种落后于时代的理念、想法和思想再也不能维持下去了。当今的新时代，是中国走向伟大的新时代，更是中国企业家走向卓越、迎接机遇和挑战的新时代。越早摒弃旧的思想，越会赢得主动。

让我们为弘扬新时代企业家精神，培养新时代高素质企业家而共同努力。

国务院发展研究中心副主任、研究员张军扩认为，企业家是推动高质量发展的关键主体，可以从五个方面进一步完善激发和保护企业家精神的制度和政策环境：第一，要着力保护产权。要激发和弘扬企业家精神，首先得让企业家有良好和稳定的预期，而良好稳定预期的形成，首要取决于对产权的有效保护。如果产权得不到有效保护，很难想象企业家能够有较强的创新和创业动力。产权制度是社会主义市场经济的基石，保护产权是坚持社会主义基本经济制度的必然要求。长期以来，党中央高度重视产权保护，出台了一系列产权保护的政策，提出新时期加强产权保护要坚持"平等保护、全面保护、依法保护、共同参与、标本兼治"五个原则，并从多个方面多个层次提出了加强产权保护的措施，使得全社会产权保护意识不断增强，保护力度也不断加大。但与此同时，也要看到，我国产权保护仍然存在不少薄弱环节和突出问题，侵犯产权的事件仍不时发生，这不仅严重影响正常的市场经济秩序，也严重影响企业家的良好预期和企业家精神的充分发挥。下一步，必须针对突出问题，采取切实有效的措施加以克服，更好完善产权保护制度，织密产权保护屏障。

第二，要充分尊重和保障企业家的经营自主权。经营自主权是企业家发挥作用的重要保障。没有经营自主权，企业家的作用就无从谈起，更不可能激发出企业家精神。在经济转向高质量发展的情况下，这一点尤其重要。政府可以通过制定完善质量、安全、环保标准等对产业升级提出要求，也可以通过政策激励引导产业升级的方向，但在符合国家法律法规和各项规制标准的前提下，关于什么产能是过剩产能、什么企业是僵尸企业、如何淘汰如何升级等等问题，都应当由市场决定、由企业家作出判断，政府不应过多干预，更不能越俎代庖。另外，在企业内部管理、人事任免、薪酬激励等方面，也要充分尊重企业家的自主权，激发和保护企业家的创新精神。

第三，要着力构建公平的竞争环境。党的十八届三中全会提出，国家保护各种所有制经济产权和合法利益，保证各种所有制经济依法平等使用生产要素、公开公平公正参与市场竞争、同等受到法律保护。能否真正构建起各类经济成分公开公平公正参与市场竞争的环境，对于企业家精神的激发和弘扬可以说至关重要。公平竞争，既包括在资源、资金、技术、人才等方面实行公平竞争，也包括在政府采购、市场准入等需求侧方面实行公平竞争；既包括在政府税费等方面的公平，也包括在奖励扶持等方面的公平；等等。如果这些方面是公平公开公正的，就会激励企业家通过加大创新投入、提升管理质量等来降低成本、提高竞争力，从而形成良性的正向循环。

第四，要着力维护良好的市场秩序。大力弘扬和激发企业家精神，更好推动经济实现高质量发展，一个重要着力点就是要创造一个优质优价、优胜劣汰的市场环境。这需要政府从几个方面努力。一是要严格执行相应的质量、安全和环保标准，对不符合标准的严格处罚。二是要加强对相关的认证认可、检验检测机构的监管，提高服务质量和公信力，使其充分发挥在减少市场信息不对称方面的作用，使高质量的产品能够得到消费者的认可。三是对于假冒伪劣、侵犯知识产权等行为，要加大打击和处罚的力度，不能让违规者有机可乘。

第五，要着力营造良好的营商环境。营造良好的营商环境对于激发和弘扬企业家精神也至关重要。在这一过程中，既要按照"放管服"改革的要求，进一步改进政府服务，降低企业办事成本，还要通过改革和强化竞争，切实降低企业税费负担和能源、资金等要素成本；既要进一步加大对共性技术、基础材料研发以及人力资源培训等的支持力度，完善促进创新发展的制度环境，又要及时建立和完善与新技术新产业发展相关的监管法律和政策，为新技术新产业发展保驾护航；既要完善宏观调控，大力支持实体经济发展，又要着力营造良好的社会环境，在全社会营造崇尚创新、宽容失败的文化和舆论环境。如果这些方面政策到位了、环境改善了，就会极大地扩展企业家创新创业的空间，也就能够激发其创新创业的积极性，从而更好为经济高质量发展贡献力量。

推动高质量发展，无疑需要政府制定合适的政策、创造良好的环境，需要科技人员进行创新，需要良好的金融体制和资本市场提供资金支持，需要具有较强购买力和理性消费理念的消费者，等等，但所有这些因素要能够发挥作用、成为现实的生产力，都需要通过企业家这个环节进行整合。企业家寻求商机和创业的过程，实际上就是根据现实供求条件和政策环境进行资源整合和价值创造的过程。进一步看，企业家进行创新和资源整合，并不是简单被动地接受现实，它不仅能够在现有的资源、政策和体制环境下进行创业，同时还会通过其创新创业行为影响和引导各类要素升级和改进，从而对整个经济转型升级和质量提升起到推动作用。

链接：

企业家是推动高质量发展的关键主体 [1]

作为一种人力资源，企业家才能和企业家精神存在于社会人群当中，存在于市场经济的各个角落。当环境和条件不具备时，它就无用武之地，只能是一种潜在的资源；只有当环境条件适宜时，它才能被激发出来，才能变成现实的资源。比如，改革开放以来，企业家如雨后春笋般涌现和成长，对我国经济发展作出了突出贡献，根本的一点就是我国实行了社会主义市场经济，企业

---

[1] 张扩军：《企业家是推动高质量发展的关键主体》，光明网，2018 年 07 月 16 日。

家有了用武之地。同时，我们也要看到，企业家才能和企业家精神，在一定意义上也是制度和环境的产物。不难想象，如果产权不能得到有效保护，就不可能有长远的恒心与坚守；如果靠批条子拉关系争取优惠政策就能够轻易获利或获得竞争优势，谁还会愿意踏踏实实地苦干；如果靠投机炒作玩虚的来钱那么快，谁还会愿意踏踏实实搞实体经济。当然，这样说并不是否认企业家精神的优秀内涵，激发和弘扬企业家精神，也离不开企业家自身的定力和坚守，优秀的企业家之所以被尊重，正因其"创新者"与"实干家"的角色。但从体制和政策来讲，我们应当努力创造正向激励的环境，让那些真正按照企业家精神办事的人能够赚钱、能够获利。

长期以来，党和政府十分重视通过创造适宜的体制和政策环境激发和弘扬企业家精神。特别是党的十八大以来，我国通过扎实推进"放管服"改革、大力促进"大众创业、万众创新"等重大举措，不断优化营商环境，取得了有目共睹的进展和成效。从大的方面讲，目前我国已经形成了一个比较好的有利于激发和弘扬企业家精神、鼓励企业家干事创业的体制机制环境。但是从进一步推进经济高质量发展的要求和标准来看，我国在激发和弘扬企业家精神的体制和政策环境方面仍存在不少问题，还需要通过深化改革和完善政策进一步改进。

2017年12月28日，由中国企业改革与发展研究会主办的"中国企业改革发展优秀成果（首届）发布会暨改革与发展高峰论坛"在北京召开。中企研首席顾问、全国人大财经委副主任邵宁就《中国经济发展阶段性转换》做了专题报告。国务院国资委副秘书长彭华岗，工业和信息化部政策法规司副司长范斌，中企研会长、中国建材集团党委书记、董事长宋志平分别致辞和讲话。宋志平在讲话中强调了企业的机制改革和企业家精神。

链接：

中国建材集团党委书记、董事长宋志平：
高质量发展时期如何推进企业改革[①]

2012 年十八大报告中把改革提到了新的高度，尤其是十八届三中全会通过的关于改革的决议，把包括混合所有制在内的国有企业的改革提到一个非常高的高度，推动了新一轮的国企改革。

企业改革需要研究

改革是任何一个企业都面临的问题，企业在不停地适应新环境就要进行制度上、体制上的改变，民企面临着股份制、规范化的问题，国企面临市场化的问题，中国企业的改革意义在不断延伸。

因此，我们不光要研究改革，还要研究企业的发展。十九大以及 2017 年经济工作会议，把发展定位为"从高速增长阶段进入高质量发展阶段"。过去这些年，我们确确实实经历了高速增长。中国建材在成立之初只有 20 亿元的销售收入，今年达到了 3000亿元。我刚开始做国药董事长的时候，是 360 亿元的收入，2014

---

① 参见《宋志平：高质量发展时期如何推进企业改革》，和讯网，2018 年 01 月 03 日；《宋志平参加中国企业改革发展优秀成果（首届）发布会谈国企改革和企业家精神》，中国建材集团有限公司官网集团要闻，2017 年 12 月 28 日。

年我离开的时候达到了 2500 亿元，今年要超过 3500 亿元。

在经济高速增长过程中，企业也在高速增长，现在已经有 115 家中国企业进入了世界 500 强，这是一个很大的数字。我们的企业和国家一样经历了高速增长的阶段，现在，我们的企业也要和国家一样进入高质量的发展阶段。

1912 年，熊彼特出了一本书，名叫《经济发展理论》。其中说，一万辆马车还是马车，只有蒸汽机车才是质的变化，才叫发展。我们之前一直是高速的增长，规模的增加，到现在要实现高质量发展指的是质量上的发展，这个变化是很大的。

什么叫作高质量的发展，什么叫具有全球竞争力的世界一流企业，我们要研究这个问题。高质量的发展是什么发展，从过去重视速度到现在重视效益，从过去重视数量、规模到现在重视质量，这些都是我们需要研究的一些问题。

我们不光要研究改革的问题，还要研究企业发展的问题，怎么适应高质量的发展。

我们要"干"，但还要把"想"放在前面，认真讨论，认真思考，谋后而动，这就是研究。研究国家的改革、企业的改革、企业的发展。过去我们比较重视宏观经济，而微观经济这一块，就是对企业的研究和企业发展的研究是不够的，中国企业改革与发展研究会就要做这个工作。

我们要加大对于微观企业的运行、创新方面的研究，尤其是改革发展的研究。这次研究的成果，既有央企的，也有民企的，既有传统的实体经济的，也有很前卫的新经济的，各种各样的都有。我觉得在改革里面既要搞试点，积极的试点探索，同时对于以往的经验，我们要认真去总结，比如混合所有制，我们有那么多混改试点，效果怎么样，他们做得好不好我们要总结，所以我们要一边搞试点一边总结成功的经验。

企业改革核心是机制

改革的机制非常重要，机制不光是国企，包括民企同样存在机制的问题。

什么是机制呢？机制指的是管理者、员工的利益和企业效益之间的正相关关系，他们有没有关系？如果没有关系，谈不上机制。过去老国企时代干多干少一个样，干和不干一个样，那个时候的企业是没有机制的，这个企业的员工是冷漠的，大家没有活力，没有动力，也没有热情。

我们当时提出"破除三铁"，核心就是想创造机制，可是我们改革这么多年，今天回过头来看，我们最没有到位的还是机制。

最近国资委也在推进机制方面的变革，央企至少有几件事可以做，比如说在管理层的机制上，股票增值权，股票期权，让大家有个激励机制。因为我出去路演的时候，投资者总是问，宋先生请谈谈你的机制，有没有激励。我每次都说有。他们问有什么？我说股票增值权。他们又问兑现了没有？我说兑现了。

为什么大家都会问这个问题？因为投资者买了你的股票，如果你的管理层和你的股票毫无关系，投资者不敢买，因为你和投资者的利益不一致。他希望你的管理者能有这样一个激励机制，这个非常重要。既然我们选择了上市这条路，我们就应该按照上市公司的机制，按照所有权的愿望来改造我们的机制，而不要相反。这就是我们讲的机制。

员工在企业里面应该有什么机制？就是利润超额分红权，最近中国建材在推这个事情。西方跨国公司的员工到了下半年基本上都会知道自己收入有多少。因为一块是固定的薪水，一块是分红，今年的效益好，分红就多，效益不好就没有分红。

前年我见日本三菱商社的社长，他跟我讲今年企业不好，所以员工就没有分红，高管人员每一年分一次股票，股票退休后才能够流动。分红权是50%对50%，和效益相关的这一块占到50%，年底如果做得好还有特殊奖，占20%。他们这种大型的跨国公司，机制是最核心的。

民营企业也不见得都有机制，虽然你想多赚钱，但由于机制做得不好，同样做不起来。美国都是私有制的企业，每十年就有80%的公司不存在了。当然不是说因为你是这样的体制，你就一定能够搞好，这也和企业的机制、创新能力等有关。

同样一个民营企业，有的发展快，有的发展慢，有的机制好，有的机制就不好，我们现在重点要研究企业的机制，而且在国企改革指导意见1+N的1里面，有一句话非常重要：企业的分配权利是企业的法定权利，任何人不得干预。我记得马凯同志专门给大家解读这句话，企业的机制改革是有空间的，但是很多企业没有去做，没有搞内部的激励机制。中国建材现在就在进行机制革命。

改革需要企业家精神

习总书记多次提到企业家和企业家精神，习总书记说市场的活力来自于人，特别是来自于企业家和企业家精神，习总书记对企业家有着殷切的期望。这次十九大报告当中就提到了要保护和激发企业家精神，大家注意，他用的是"保护"和"激发"，与保护相对立的是伤害，与激发相对立的是压抑。

我们现在要保护企业家精神，激发企业家精神，让他们能够安心安业，能够投身到改革中来。上一轮的国企改革很有魄力，破除了当时的体制藩篱。今天的情况比当时好多了，一个是外部经济环境特别好，另一个我们现在也有了经验，经历了过去40年，改革有了经验。第三个，今天有了顶层设计，我们搞了1+N，有人跟我们来制定一些规则，来清理一些道路，给我们指明方向，大的路线图给我们划出来，而不是简单地摸着石头去过河，现在我们在总结以往经验教训的基础上，启动了顶层设计，就是现在的1+N。

N基本上都出来了，1早就出来了。现在的问题是什么呢？一个是加快试点，第二个就是加快推进改革。炮兵开炮打完了，该步兵前进了，我们的企业家要全力以赴投入到改革的洪流里面来。没有企业家的广泛参与，没有企业家精神来推动改革是不行的，所以我们要把顶层设计和首创精神结合起来。

这也是我想跟大家说的，我们现在的改革需要企业家一马当先，学习领会1+N改革精神，加大自己的能动性、主动性和首创精神，全面推动这场国企改革。

中 篇

创造新时代高质量发展新辉煌

大力推动新时代高质量发展

新时代我国经济社会发展的鲜明特征就是高质量发展。推进高质量发展不仅写进了党的十九大报告和 2017 年末召开的中央经济工作会议，而且是 2018 年政府工作的主题。牢牢把握高质量发展这个总要求，不仅要体现在明确发展思路、制定经济政策、实施宏观调控几个方面，更需要落实到政府工作的各个环节上。

链接：

以改革创新精神大力推动新时代高质量发展[①]

刚刚闭幕的十三届全国人大一次会议审议通过了李克强总理代表国务院所作的《政府工作报告》（以下简称报告）。报告深入贯彻习近平新时代中国特色社会主义思想和党的十九大精神，贯彻以习近平同志为核心的党中央的重大决策部署，系统总结了过去 5 年的工作，明确提出 2018 年推动经济社会发展的总体要求、政策取向和重点任务，是做好今年政府工作的纲领性文件。

在综合分析国内外形势基础上，根据需要和可能，报告提出了今年发展的主要预期目标。这些目标与去年相比总体没有变化，有的作了适当调整。今年国内生产总值预期增长 6.5% 左右，与去

---

① 黄守宏：《创造新时代高质量发展新辉煌》，《人民日报》2018 年 04 月 02 日 07 版。

年预期目标持平。这体现了推动高质量发展的导向，也符合全面建成小康社会目标要求。今年首次把全国城镇调查失业率纳入预期目标，主要是考虑这一指标涵盖农民工等城镇非户籍人口，能够更加全面准确地反映就业状况。

2018 年是党和国家事业发展进程中具有重大意义的一年。做好今年工作，要认真贯彻落实习近平新时代中国特色社会主义思想，坚持稳中求进工作总基调，继续创新和完善宏观调控，保持宏观政策连续性稳定性。积极的财政政策要聚力增效，稳健的货币政策要松紧适度。加强政策协调配合，保持经济运行在合理区间，推动经济结构优化升级。加大改革开放力度，推动新时代高质量发展取得新的更大成效。

深入推进供给侧结构性改革。做大做强新兴产业集群，加快改造提升传统产业，使新动能更快更好发展壮大。加快制造强国建设，推动先进制造业发展，全面开展质量提升行动，来一场中国制造的品质革命。坚持用市场化法治化手段化解过剩产能、淘汰落后产能。围绕改善营商环境和解决群众办事难问题，深化"放管服"改革。进一步降低企业税费负担，全年再为企业和个人减税 8000 多亿元，减轻市场主体非税负担 3000 多亿元。

加快建设创新型国家。加强国家创新体系建设，强化基础研究、应用基础研究和原始创新，推动创新成果加快转化应用。推进科技创新，关键是调动科技人员的积极性。要抓紧修改废止有悖于激励创新的陈规旧章，下决心砍掉有碍于释放创新活力的繁文缛节。要促进大众创业、万众创新上水平，把各类创新主体的潜能充分释放出来，跑出中国创新"加速度"。

深化基础性关键领域改革。围绕做强做优做大国有资本，推进国有企业优化重组和央企股份制改革。支持民营企业发展，坚决破除各种隐性壁垒。以保护产权、维护契约、统一市场、平等交换、公平竞争为基本导向，完善产权制度和要素市场化配置机制。深化财税体制改革，合理划分中央与地方财政事权和支出责任，健全地方税体系，改革个人所得税。围绕增强服务实体经济能力特别是解决好小微企业融资难、融资贵问题深化金融体制改革。推进社会体制改革。健全生态文明体制。

坚决打好三大攻坚战。一要推动重大风险防范化解取得明显进展。加强金融风险防控，严厉打击金融违法犯罪活动，加快市场化法治化债转股和企业兼并重组，强化金融监管。防范化解地方债务风险，落实各级地方政府主体责任，积极稳妥处置存量债务，健全规范的地方政府举债融资机制。二要加大精准脱贫力度。今年再减少农村贫困人口1000万以上，强化对深度贫困地区的精准支持，强化对特定贫困群众的精准帮扶。三要推进污染防治取得更大成效。巩固蓝天保卫战成果，深入推进水、土壤污染防治，加强生态系统保护和修复。

大力实施乡村振兴战略。制定乡村振兴规划，推进农业供给侧结构性改革，加大农业结构调整力度，培育新型经营主体，促进农村一二三产业融合发展。全面深化农村改革，落实第二轮土地承包到期后再延长30年的政策，探索宅基地所有权、资格权、使用权分置改革。推动农村各项事业全面发展，健全乡村治理体系。

扎实推进区域协调发展战略。着眼塑造区域发展新格局，加强对老少边穷地区的支持，落实京津冀协同发展、长江经济带发展和西部开发、东北振兴、中部崛起、东部率先发展战略，出台实施粤港澳大湾区发展规划纲要。新型城镇化的核心在人，报告围绕人这一核心，对提高新型城镇化质量作出部署。今年再进城落户1300万人。优先发展公共交通，健全菜市场、停车场等便民服务设施，有序推进"城中村"、老旧小区改造，加强精细化服务、人性化管理。

积极扩大消费和促进有效投资。扩大内需是我国发展的战略基点。要增强消费对经济发展的基础性作用，改善消费环境，发展消费新业态新模式，支持社会力量增加服务供给。发挥投资对优化供给结构的关键性作用，落实鼓励民间投资的政策措施，营造稳定、透明、公平的投资环境。

推动形成全面开放新格局。以推进"一带一路"建设为重点，扩大国际产能合作，加大西部、内陆和沿边开放力度。围绕促进外商投资稳定增长，建设国际一流营商环境，大幅放宽市场准入，提高外商投资便利化水平。为巩固外贸稳中向好势头，报告在提出促进出口举措的同时，要求积极扩大进口。报告强调，中国主张通过平等协商解决贸易争端，反对贸易保护主义，坚决捍卫自身合法权益。

提高保障和改善民生水平。报告聚焦群众最关切最烦恼的事，提出一系列保障和改善民生的重要举措。着力促进就业创业，做好高校毕业生等重点群体就业工作。从促进居民增收和减轻税负两个方面提出提高居民收入水平的措施，既有使所有群体都受益的普惠性措施，也有针对特定群体的措施。在发展公平而有质量的教育方面，强调教育投入继续向困难地区和薄弱环节倾斜，降低农村学生辍学率、消除城镇"大班额"、解决中小学生课外负担重问题，并对增加学前教育资源供给、优化高等教育结构等提出了要求。在实施健康中国战略方面，从加强"防"与"治"两个方面作出部署，包括提高基本医保和大病保险保障水平，推进分级诊疗和家庭医生签约服务，创新食品药品监管方式，开展全民健身。要求更好解决群众住房问题，加快建立多主体供给、多渠道保障、租购并举的住房制度。报告还部署了强化民生兜底保障、打造共建共治共享社会治理格局等工作。

省市领导谈高质量发展

在当前的语境中，高质量发展已经成为一个高频词汇，各地区正在努力加快转型升级，推动高质量发展。对于广大党员干部而言，应该担负起时代使命，主动适应转型升级，主动引领转型升级，做好高质量发展这篇大文章，方能够不辜负历史赋予的使命，方能够在高质量发展中彰显干部担当。

链接：

陈敏尔（重庆市委书记）：
立足"两点"定位　发挥独特作用[①]

重庆建设内陆开放高地，要带头开放、带动开放，拓展开放通道，提升开放平台，壮大开放主体，优化开放环境。建设山清水秀美丽之地，要坚定不移走生态优先、绿色发展新路，让"一江碧水、两岸青山"美景永存。

2016年习近平总书记视察重庆时指出，重庆是西部大开发的重要战略支点，处在"一带一路"和长江经济带的联结点上，要求重庆建设内陆开放高地、成为山清水秀美丽之地。"两点""两

[①]《牢牢把握高质量发展这个根本要求（两会·声音2018）》，《人民日报》2018年03月08日13版。

地"定位很准、站位很高，蕴含着习近平新时代中国特色社会主义思想中关于形成全面开放新格局和走向生态文明新时代这两个方面的新理念新思想新战略，为重庆发展指明了方向路径、提供了根本遵循。我们一定要学懂弄通做实这"两点""两地"的要求，从全局谋划一域，以一域服务全局，发挥好重庆在西部内陆开放开发、"一带一路"建设以及长江经济带发展中独特而重要的作用。

建设内陆开放高地，核心要义是带头开放、带动开放。要拓展开放通道，统筹推进铁公水空交通运输发展，全方位推进出市出海出境通道建设，加快构建综合立体交通网络体系。提升开放平台，加快建设重庆自贸试验区和两江新区，高标准实施中新互联互通示范项目，协同推进开放口岸和保税港区、综合保税区建设。壮大开放主体，加快培育引进创新型、领军型企业，支持市场竞争力强的本土企业拓展境内外市场。优化开放环境，牢固树立"处处是开放环境、人人是开放形象"的理念，打造国际化法治化营商环境。

重庆地处长江上游和三峡库区腹心地带，是长江上游重要生态屏障。使重庆成为山清水秀美丽之地，是我们努力的方向和目标。我们理解，美丽之地，既要有浑然天成的自然之美，又要有悠久厚重的人文之美。必须深入践行绿水青山就是金山银山的理念，坚定不移走生态优先、绿色发展新路，积极构筑绿色屏障，大力发展绿色产业，加快建设绿色家园，坚决打好污染防治攻坚战，让"一江碧水、两岸青山"美景永存，开创重庆产业兴、生态美、百姓富的新局面。

娄勤俭（江苏省委书记、省人大常委会主任）：
持续攻坚克难　走在发展前列①

　　准确把握新时代新方位新坐标，推动高质量发展走在全国前列，迫切要求我们增强优势，补齐短板，拓展空间，加快跨越由高速增长向高质量发展转化的江苏拐点。

　　准确把握新时代江苏的新方位新坐标，推动高质量发展走在全国前列，迫切要求我们增强优势，补齐短板，拓展空间，加快跨越由高速增长向高质量发展转化的江苏拐点。重点要实现经济发展、改革开放、城乡建设、文化建设、生态环境、人民生活"六个高质量"。作为东部省份，这几年江苏通过不懈努力，实体经济依然在全国名列前茅，经济总量5年连跨3个万亿级台阶，2017年达到8.59万亿元，经济的"含金量""含绿量"显著提高。

　　回望走过的路，每一步都镌刻着习近平新时代中国特色社会主义思想的伟力。党的十八大以来总书记两次视察江苏、三次对江苏工作发表重要讲话，提出了"三项任务""强富美高""五个迈上新台阶""高质量发展"等一系列要求。我们必须更加自觉深入地学习贯彻习近平新时代中国特色社会主义思想。

　　进入新时代，社会主要矛盾发生新变化，经济发展有新要求。这次政府工作报告明确了目标任务，我们将围绕"推动高质量发展走在前列"、打好江苏发展战略主动仗、解决发展不平衡不充分等问题切实发力。要立足省情，狠抓落实，对已经启动的各项改革发展事项加快推进，对长期困扰的难题持续攻坚，对即将开展的工作

　　①《牢牢把握高质量发展这个根本要求（两会·声音2018）》，《人民日报》2018年03月08日13版。

超前谋划。比如继续深化"放管服"改革，赋予市县更多自主权；充分发挥江苏"一带一路"交汇点作用，促进江苏更好融入世界经济大循环。

走在高质量发展前列，还要进一步增强科技创新能力，推进现代化经济体系建设；优化综合交通体系建设，不断增强支撑发展的能力；进一步加强生态环境保护和治理，推动环境质量持续好转；进一步保障和改善民生，让人民群众不断感受到生活新变化。相信在习近平新时代中国特色社会主义思想的坚强指引下，江苏高质量发展之路的每一步都会走牢走好。

车俊（浙江省委书记、省人大常委会主任）：抓好五对关系　实现稳中有进[1]

当前面临发展速度和数量问题、发展质量和效益问题、动能和结构问题。必须坚持高质量发展，为当代人带来金山银山，也给子孙后代留下绿水青山。要处理好五对关系，努力走出一条具有浙江特点的高质量发展之路。

浙江作为中国革命红船的起航地、改革开放的先行地、习近平新时代中国特色社会主义思想的重要萌发地，必须高举习近平新时代中国特色社会主义思想伟大旗帜，坚定不移沿着"八八战略"指引的路子走下去，努力走出一条具有浙江特点的高质量发展之路。

当前，浙江发展已经迈向增长中高速、质量中高端的轨道，

---

①《牢牢把握高质量发展这个根本要求（两会·声音2018）》，《人民日报》2018年03月08日13版。

面临发展速度和数量问题、发展的质量和效益问题、动能和结构问题。必须坚持高质量发展，为当代人带来金山银山，也给子孙后代留下绿水青山；让城市繁华气派、具有强劲的辐射力，农村美丽富庶、留得住乡愁。

实现高质量发展，关键是要处理好五对关系：一是稳与进的关系。首先稳住全省经济运行、稳住市场预期。同时要按照"打开五个通道"的要求，优化升级产业，支持科技创新，推动浙江从速度领跑向质量领先转变。

二是破与立的关系。破除无效供给，倒逼高能耗、低效益的企业和产能逐步退出市场。全面推进各领域改革和新一轮对外开放，加快新旧动能转化，再创体制机制新优势。

三是实与虚的关系。实体经济与虚拟经济相辅相成、相融共生，是浙江经济的特点和优势。高质量发展的根基必须深扎于实体经济，分类实施凤凰行动、小巨人培育行动和小微企业提质行动；继续把数字经济作为一号工程来抓，推动互联网、大数据、人工智能和实体经济深度融合、协同发展。

四是标与本的关系。推动经济保持合理增长速度的同时，在基础性、战略性、引领性的大事上下功夫，全面实施乡村振兴战略，扎实推进大湾区大花园大通道大都市区建设。

五是发展和惠民的关系。以人民为中心，打好防范化解重大风险、低收入百姓增收、污染防治三大攻坚战，认真办好"垃圾革命""厕所革命""污水革命"等关键小事，提升人民群众的获得感、幸福感。

陈吉宁：明确定位突出重点 实现更高质量发展 ①

据《北京日报》报道，2017 年 10 月 28 日，北京市政府召开第三次区政府工作交流会，市委副书记、代市长陈吉宁主持会议并讲话。他强调，各区要把深入学习贯彻党的十九大精神作为当前和今后一个时期的首要政治任务，坚决落实习近平总书记对北京工作的一系列重要指示精神，按照市第十二次党代会和《北京城市总体规划（2016 年—2035 年）》要求，以疏解非首都功能为牛鼻子，进一步明确定位、突出重点，加快构建"高精尖"经济结构，建设现代化经济体系，实现更高质量、更有效率、更加公平、更可持续的发展。

会上，丰台、石景山、门头沟、顺义四区围绕如何构建"高精尖"经济结构作了交流。

陈吉宁说，刚刚胜利闭幕的党的十九大，对于决胜全面建成小康社会、夺取新时代中国特色社会主义伟大胜利、在新的历史起点上开启党和国家事业新征程都具有重大里程碑意义。大会概括提出了习近平新时代中国特色社会主义思想，作出了中国特色社会主义进入新时代这一重大判断，对未来党和国家各项工作进行了全面部署，绘制了新时代下奋力建设社会主义现代化强国的宏伟蓝图。习近平总书记在十九大报告中明确指出，建设现代化经济体系是跨越关口的迫切要求和我国发展的战略目标。必须坚持质量第一、效益优先，以供给侧结构性改革为主线，推动经济发展质量变革、效率变革、动力变革，着力加快建设实体经济、

---

① 参见《明确定位突出重点 实现更高质量发展》，《北京日报》2017 年 10 月 30 日 01 版。

科技创新、现代金融、人力资源协同发展的产业体系。这些新部署、新要求对于构建"高精尖"经济结构有着深远的指导意义。各区要结合实际，深入领会，准确把握，在思想和行动上不折不扣抓好贯彻落实。

陈吉宁指出，各区要深刻剖析自身发展不平衡不充分的问题，进一步明确功能定位，突出发展重点。十九大报告作出了我国社会主要矛盾已经转化的重大政治判断。北京作为首都，各种资源聚集、发展水平较高，但人民对美好生活需要的层次也更高，这对我们发展提出了更高的标准和要求。从全市范围来看，区域之间和各区内部都存在发展不平衡不充分的问题，其根源是支撑发展的要素不平衡、不充分。有所不为才能有所为。各区要深入准确理解"高精尖"经济内涵，认真研究自身优势，立足资源禀赋、产业基础、技术支撑、人才储备等因素，准确把握发展的定位、目标和路径，更加突出发展重点，力求做深做细做精，形成产业集聚优势。

陈吉宁要求，市各级政府部门要找准角色定位，做好出政策、搭平台、优环境、建池子等工作，不缺位、不错位、不越位，不断提高服务"高精尖"经济的能力和水平。要进一步转变政府职能，优化营商环境，加大"放管服"改革力度，建立与企业定期沟通机制，主动对接，热情服务。要推动优质医疗、教育资源均等化，打造优美生态环境，提升区域品质，吸引高端人才。要扩大开放，充分调动民间资本、社会资本的积极性，着力激发市场活力。各级领导干部都要有本领不足的危机感，加强学习，增强对产业发展、技术前沿、管理创新的敏感性，用专业精神、专业队伍、专业方法解决发展中出现的问题。

陈吉宁说，全市各部门要加强统筹协调，做到"区里吹哨，部门报到"，主动上门，积极支持，帮助各区解决发展难题。要做好一区十六园规划，强化政策引导，推动各园区明确发展重点，形成创新合力。

陈吉宁强调，年底将至，各区各部门要对照年初确定的目标任务，加紧推进，确保各项工作按计划完成，同时规划好明年工作计划，为实现良好开局做准备。

应勇：努力在高质量发展上走在全国前列 [①]

2018 年 3 月 5 日下午，上海市委副书记、市长应勇代表在参加上海代表团全体会议审议政府工作报告时说，政府工作报告求真务实，催人奋进。过去五年党和国家事业取得历史性成就、发生历史性变革，根本在于维护了以习近平同志为核心的党中央的权威和集中统一领导，根本在于习近平新时代中国特色社会主义思想的科学指引。上海要深入贯彻落实党的十九大精神和习近平新时代中国特色社会主义思想，按照总书记对上海提出的"四个新作为"重要指示，坚定不移落实高质量发展的根本要求，坚持不懈走创新驱动发展、经济转型升级之路，努力在高质量发展上走在全国前列。

应勇说，推动高质量发展，必须充分用好改革开放这个关键一招，要推进思想再解放、改革再深入、工作再抓实，坚定不移将改革进行到底，勇当全国改革开放排头兵。牢牢抓住"三区一堡""三个联动"这个载体，高质量建设自贸试验区。举全市之力

①参见《应勇：努力在高质量发展上走在全国前列》，中央人民广播电台网，2018 年 03 月 06 日。

办好首届中国国际进口博览会，推进新一轮高水平对外开放。着力深化"放管服"改革，大力推进"证照分离"改革，深入推进"互联网＋政务服务"，实现上海政务"一网通办"。必须把握新旧动能转换这个根本动力，深入实施创新驱动发展战略，加快建设具有全球影响力的科技创新中心，着力构建科创中心"四梁八柱"，加快推进张江科学城及张江综合性国家科学中心建设。必须牢牢抓住发展实体经济这个着力点，不断巩固提升实体经济能级，率先走出制造业高端发展、创新发展、转型发展的新路，加快建设现代产业体系。必须始终紧扣满足人民日益增长的美好生活需要这个根本目的，着力提升人民群众的获得感、幸福感、安全感。不断提高就业、社会保障、养老等服务水平和质量，加快建立租购并举的住房制度，像绣花一样精细管理城市，打好污染防治攻坚战，努力打造高品质生活，实现经济发展与民生福祉互促共进。

地方政府齐谋高质量发展路径

2018 年是全面贯彻落实党的十九大精神的开局之年，是改革开放 40 周年，是决胜全面建成小康社会、实施"十三五"规划承上启下的关键一年。通过梳理省级政府工作报告，我们可以发现各省级政府 2018 年的工作部署深入贯彻落实习近平新时代中国特色社会主义思想和党的十九大精神、中央经济工作会议精神，聚焦聚力高质量发展，如"高质量发展"成江苏省政府工作报告第一要点，北京市政府工作报告多次提到高质量发展问题，并提出要将高质量发展贯穿到首都各项工作当中。

链接：

部分省级政府工作报告节选

北京市

2018 年是贯彻党的十九大精神的开局之年，是改革开放 40 周年，是决胜全面建成小康社会、实施"十三五"规划承上启下的关键一年。今年政府工作的总体要求是：全面深入学习贯彻党的十九大精神，以习近平新时代中国特色社会主义思想为指引，坚持稳中求进工作总基调，坚持新发展理念，紧扣我国社会主要矛盾变化，按照高质量发展的要求，统筹推进"五位一体"总体布局和协调推进"四个全面"战略布局，坚持以供给侧结构性改革为主线，统筹推进疏功能、稳增长、促改革、调结构、惠民生、防风险各项工作，着力加强"四个中心"功能建设，提高"四个服务"水平，抓好"三件大事"，打好"三大攻坚战"，更加奋发有为地推动首都新发展。

今年全市经济社会发展主要预期目标是：地区生产总值增长6.5%左右；一般公共预算收入增长6.5%左右；居民消费价格涨幅控制在3%以内；城镇调查失业率、城镇登记失业率分别控制在5%以内和3%以内；全市居民人均可支配收入增长与经济增长同步；万元地区生产总值能耗、二氧化碳排放分别下降2.5%和3%左右，万元地区生产总值水耗下降3%左右，细颗粒物年均浓度力争继续下降。

今年要着力做好以下重点工作：全面实施城市总体规划，优化提升"四个中心"功能；坚定有序推进疏解整治促提升专项行动，提升城市品质、改善人居环境；深入推进京津冀协同发展，提高城乡区域协调发展水平；全力推进全国科技创新中心建设，加快构建高精尖经济结构；加强城市精细化管理，下大气力治理"大城市病"；进一步坚定文化自信，把全国文化中心建设好发展好；持续保障和改善民生，切实增强人民群众获得感幸福感安全感；大力推进改革开放，构筑体制机制新优势。

浙江省

根据党的十九大精神、省第十四次党代会和省委十四届二次全会精神，今后五年发展的总体要求是：高举习近平新时代中国特色社会主义思想伟大旗帜，全面贯彻党的十九大精神，不忘初心、牢记使命，大力弘扬红船精神，坚定不移沿着"八八战略"指引的路子阔步前进，坚持稳中求进工作总基调，坚持高质量发展，坚持供给侧结构性改革主线，突出改革强省、创新强省、开放强省、人才强省工作导向，统筹推进富强浙江、法治浙江、文化浙江、平安浙江、美丽浙江、清廉浙江建设，高水平全面建成小康社会、高水平全面建设社会主义现代化，为我国决胜全面建成小康社会、夺取新时代中国特色社会主义伟大胜利、实现中华民族伟大复兴的中国梦、实现人民对美好生活的向往作出新的更大贡献。

奋斗目标是：确保到 2020 年高水平全面建成小康社会。在此基础上继续砥砺前行，高水平推进社会主义现代化建设，力争到 2022 年，全省生产总值超过 7 万亿元，人均生产总值达到 12 万元；居民、企业、财政三大收入持续较快增长，城镇居民人均可支配收入超过 7 万元，农村居民人均可支配收入超过 3.5 万元，在"强起来"的历史进程中继续走在前列、体现浙江担当。

实现上述目标，必须把握好以下三个方面：

聚焦聚力高质量。高质量是"两个高水平"的本质要求。进入高质量发展的新阶段，必须全面贯彻创新、协调、绿色、开放、共享的发展理念，坚持质量第一、效益优先，持续深化供给侧结构性改革，大力推动质量变革、效率变革、动力变革，着力建设以新经济为引领的现代化经济体系，加快形成优质高效多样化的供给体系，推进经济转型升级、提质增效、持续健康发展。

聚焦聚力竞争力。竞争力是"四个强省"的着力点。进入决胜高水平全面建成小康社会的攻坚期，必须牢牢把握"八八战略"蕴含的优势论，按照发挥比较优势、培育竞争优势的大逻辑，以改革创新强化制度供给，以科技创新强化第一动力，以优质服务打造最佳营商环境，以全面开放拓展发展空间，不断提升浙江经济创新力和国际竞争力，加快形成引领未来发展的新优势。

聚焦聚力现代化。现代化是"六个浙江"的目标导向，是人民过上美好生活的必由之路。进入"两个一百年"奋斗目标的历史交汇期，必须着眼建成社会主义现代化强国的"两步走"战略安排，紧紧抓住大有可为的历史性机遇，坚定不移践行"八八战略"，围绕"两个高水平"建设，统筹推进大湾区大花园大通道大都市区建设，全面实施富民强省十大行动计划，着力解决好发展不平衡不充分问题，更好满足人民日益增长的美好生活需要，共建共享"诗画浙江、美好家园"，使"两个高水平"建设得到人民认可、经得起历史检验。

河南省

党的十九大确定了新的宏伟目标。今后五年，是决胜全面建成小康社会、开启全面建设社会主义现代化新征程的关键时期。我们要高举习近平新时代中国特色社会主义思想伟大旗帜，深入贯彻党的十九大精神，如期全面建成小康社会，开启新时代河南全面建设社会主义现代化新征程。

当前，我国经济发展进入新时代，由高速增长阶段转向高质量发展阶段。对河南而言，无论是从提高要素效率、缓解资源约束、防控化解风险、促进经济持续协调发展，还是从适应我国社会主要矛盾变化、解决不平衡不充分发展问题、满足人民美好生活需要来看；无论是从遵循经济发展一般规律、避免陷入"中等收入陷阱"，还是从践行新发展理念、实现新发展目标来看，推动高质量发展都时不我待、刻不容缓。要看到，推动高质量发展必须跨越两大关口，即必须跨越非常规的经济发展现阶段特有关口，打好防范化解重大风险、精准脱贫、污染防治三大攻坚战；必须跨越常规性的长期关口，大力转变经济发展方式、优化经济结构、转换增长动力。还要看到，推动高质量发展也面临着诸多有利条件，世界经济复苏回暖，我国经济稳中向好，我们正处于一个大有可为的历史机遇期；中央出台的一系列宏观政策效应持续释放，有利于我们稳中求进推动发展；市场主体素质提升，不少企业在市场历练中凤凰涅槃，适应性和抗风险能力显著增强；发展环境不断改善，市场活力持续迸发。只要我们转变理念、遵循规律，紧盯目标、锲而不舍，就一定能够开拓高质量发展新境界。

今后五年的总体要求是：全面贯彻落实党的十九大精神，以习近平新时代中国特色社会主义思想为指导，认真落实习近平总书记调研指导河南工作时的重要讲话精神，坚持稳中求进工作总基调，坚持新发展理念，主动适应我国社会主要矛盾变化要求，坚持高质量发展根本方向，统筹推进"五位一体"总体布局和协调推进"四个全面"战略布局，坚持以供给侧结构性改革为主线，统筹稳增长、促改革、调结构、惠民生、防风险，着力发挥优势打好"四张牌"，着力打好"三大攻坚战"，着力提升"三区一群"建设水平，着力深化改革开放创新，促进经济社会持续健康发展，决胜全面建成小康社会，开启新时代河南全面建设社会主义现代化新征程，奋力谱写中原更加出彩新篇章。

根据省委十届四次全会提出的奋斗目标，建议今后五年经济社会发展的主要目标是：加快建设经济强省，打造"三个高地"，实现"三大提升"，到2020年全面建成小康社会，并乘势而上全面推进新时代社会主义现代化建设，持续提升河南在全国发展大局中的地位，更好满足人民对美好生活的向往。

——综合实力更加雄厚。经济强省建设取得重大进展，产业高端化、绿色化、智能化、融合化水平显著提高，科技实力和创新能力大幅跃升，生产总值年均增速高于全国平均水平 1 个百分点左右，常住人口城镇化率达到 55% 以上，城镇化质量明显提升，乡村振兴取得重要进展，社会文明程度、文化软实力显著提高。

——经济体系更加优化。现代产业体系基本形成，科技创新体系全面构建，新型城镇体系基本确立，高效市场体系更加完善，良好生态体系初步建立，供给结构与需求结构的平衡性、适应性、灵活性显著增强。

——环境质量更加向好。大气污染治理取得决定性成效，水环境质量根本改善，土壤环境质量逐步好转，单位生产总值能耗下降 15%，森林面积和蓄积量稳步提高，生态环境明显改观。

——社会事业更加发展。教育、文化、卫生、体育、就业等基础设施和公共服务体系更加健全，多层次社会保障体系更加完善，基本公共服务均等化水平明显提高。

——人民生活更加富裕。全省现行标准下农村贫困人口全部脱贫，贫困县全部摘帽。城乡居民收入与地区生产总值同步增长，居民生活条件和生活质量全面改善。

——社会治理更加高效。民主法治建设取得重大进展，社会治理社会化、法治化、智能化、专业化水平明显提高，彰显公平正义、共建共治共享的社会治理格局基本形成。

工作中要始终坚持以习近平新时代中国特色社会主义思想为指导，把握好以下原则：一是坚持党对一切工作的领导。牢固树立政治意识、大局意识、核心意识、看齐意识，自觉做到"四个服从"，自觉维护习近平总书记党中央的核心、全党的核心地位，自觉维护党中央权威和集中统一领导，不折不扣贯彻落实党中央决策部署。二是坚持以人民为中心的发展思想。牢记全心全意为人民服务根本宗旨，把更好满足人民日益增长的美好生活需要作为发展的根本目的，一切依靠人民，一切为了人民，一切惠及人民，在"七个有所"上更多用力，让人民群众有更多获得感、幸福感、安全感。三是坚持贯彻新发展理念。坚定不移把发展作为第一要务，坚定不移贯彻创新、协调、绿色、开放、共享的发展理念，深入实施国家"七大战略"，持续打好"四张牌"，增创发展新优势，开创发展新境界。四是坚持稳中求进工作总基调。统筹稳增长、促改革、调结构、惠民生、防风险，加快转变经济发展方式、优化经济结构、转换增长动力，继续保持"三个同步""三个高于"。五是坚持推动高质量发展。坚持质量第一、效益优先，聚焦质量变革、效率变革、动力变革，加快构建现代化经济体系，推动河南制造向河南创造转变、河南速度向河南质量转变、河南产品向河南品牌转变。六是坚持深化改革开放创新。强化"三区一群"引领带动作用，通过全面深化改革激发内生动力，通过扩大开放增强外源动力，通过强化创新催生新生动力。

广东省

今后五年，是广东把握新时代我国社会主要矛盾变化、推动经济从高速增长转向高质量发展的攻坚阶段。综观国际国内形势，世界经济缓慢复苏，我国经济保持稳中有进、稳中向好势头，经济活力和韧性不断增强。我们必须坚定跨越发展阶段转换关口的紧迫感和责任感，准确把握当前所处的历史方位，坚持把高质量发展作为当前和今后一个时期确定发展思路、制定经济政策的根本要求，大力转变经济发展方式，优化经济结构，转换增长动力，着力解决发展不平衡不充分问题，推动实现更高质量、更有效率、更加公平、更可持续的发展，努力在建设现代化经济体系上走在前列，为全国改革发展稳定大局作出广东应有贡献。

今后五年政府工作的总体要求是：以习近平新时代中国特色社会主义思想为指导，全面贯彻党的十九大精神，坚决维护以习近平同志为核心的党中央权威和集中统一领导，按照"三个定位、两个率先"和"四个坚持、三个支撑、两个走在前列"的要求，坚持稳中求进工作总基调，坚持新发展理念，紧扣社会主要矛盾变化，贯彻高质量发展的要求，统筹推进"五位一体"总体布局和协调推进"四个全面"战略布局，坚持以供给侧结构性改革为主线，深入实施创新驱动发展战略，加快构建开放型经济新体制，全面深化改革，强化生态文明建设，加强和改善民生，坚决打赢防范化解重大风险、精准脱贫、污染防治三大攻坚战，努力在全面建成小康社会、加快建设社会主义现代化新征程上走在前列。

……

今年我省经济社会发展的主要预期目标：地区生产总值增长 7% 左右，固定资产投资增长 10%，社会消费品零售总额增长 10%，进出口总额增长 3%；地方一般公共预算收入增长 9%；研发经费支出占地区生产总值比重达 2.7%；居民消费价格涨幅控制在 3% 以内；居民人均可支配收入增长与经济增长基本同步；城镇新增就业 110 万人，城镇登记失业率控制在 3.5% 以内；城镇化率达 70.5%；单位生产总值能耗下降 3.2%，主要污染物总量减排和大气、水环境质量完成国家下达的目标任务。

甘肃省

今后五年，是全面建成小康社会的决胜阶段，也是新时代建设幸福美好新甘肃的关键时期。政府工作的总体思路是：全面学习贯彻习近平新时代中国特色社会主义思想和党的十九大精神，牢固树立政治意识、大局意识、核心意识、看齐意识，坚决反对形式主义、官僚主义，坚持稳中求进工作总基调，贯彻新发展理念，紧扣社会主要矛盾变化，按照高质量发展要求，统筹推进"五位一体"总体布局和协调推进"四个全面"战略布局，深入落实习近平总书记视察甘肃重要讲话和"八个着力"重要指示精神，按照省第十三次党代会的部署，坚持以供给侧结构性改革为主线，聚焦绿色发展崛起，把牢脱贫攻坚和生态保护基础性底线性任务，抢抓"一带一路"建设最大机遇，深挖绿色、创新、开放红利，大力实施创新驱动、工业强省和乡村振兴战略，统筹推进稳增长、促改革、调结构、惠民生、防风险各项工作，推动质量变革、效率变革、动力变革迈出重大步伐，在打好防范化解重大风险、精准脱贫、污染防治攻坚战方面取得扎实进展，促进经济社会持续健康发展，努力同全国一道全面建成小康社会，加快建设经济发展、山川秀美、民族团结、社会和谐的幸福美好新甘肃。

……

今年是贯彻党的十九大精神的开局之年，是改革开放40周年，是决胜全面建成小康社会、实施"十三五"规划承上启下的关键一年。发展不平衡不充分尤为突出的省情，决定了我们必须始终把发展作为解决一切问题的基础和关键，牢牢把握高质量发展的根本要求，在加快发展中补齐短板，在提升质量中扩大总量。

根据省委十三届四次全会暨经济工作会议安排，全省经济社会发展的主要预期目标是：生产总值增长 6% 左右，实际执行时只要经济运行在合理区间，也可以低一些；固定资产投资增长 7%，在实际工作中力求取得更好结果；社会消费品零售总额增长 8%；一般公共预算收入增长 7%（同口径）；城乡居民人均可支配收入分别增长 7% 和 8%；城镇新增就业 40 万人，城镇登记失业率控制在 4% 以内；居民消费价格指数涨幅控制在 3% 以内；单位生产总值能耗和主要污染物排放完成国家下达的控制目标；确保 65 万以上贫困人口脱贫，10 个片区县、3 个插花县申请摘帽。

辽宁省

今后五年，是辽宁改革开路、开放引领、创新驱动，破解发展难题、破除前进障碍，促进经济社会平稳健康发展的"动能再造期"；是保持定力、埋头苦干、夯实根基，持续修复净化政治生态，缩小原来发展差距、跟上全国前进步伐，实现长远发展的"基础再建期"；是抓住机遇、扬长补短、彰显特色，把短板拉长补齐、把优势做强放大，加快推动质量变革、效率变革、动力变革的"优势再创期"。我们要思全局、观大势、谋方略，进一步找准方位、明确方向，下定决心、坚定信心，着力加快发展步伐，努力实现追赶跨越。

今后五年政府工作的总体要求是：以习近平新时代中国特色社会主义思想为指导，全面贯彻党的十九大精神，认真落实中央经济工作会议及省第十二次党代会部署，坚持稳中求进工作总基调，坚持以供给侧结构性改革为主线，紧扣我国社会主要矛盾变化，按照高质量发展的要求，统筹推进"五位一体"总体布局和协调推进"四个全面"战略布局，持之以恒落实新发展理念和"四个着力""三个推进"，加快推进"一带五基地"建设，深入实施"五大区域发展战略"，着力打好防范化解重大风险、精准脱贫和污染防治三大攻坚战，统筹推进稳增长、促改革、调结构、惠民生、防风险各项工作，决胜全面建成小康社会，为加快实现辽宁全面振兴、奋力走进现代化建设前列打下坚实基础！

今后五年政府工作的奋斗目标是：到 2020 年，主要经济指标增速不低于全国平均水平，力争更好的结果，与全国同步全面建成小康社会。到 2022 年，"一带五基地"建设取得重大进展，五大区域发展取得重大成效，全面深化改革取得重大突破，开放型经济水平显著提升，科技创新能力显著增强，发展质量效益显著提高，生态环境明显改观，营商环境明显优化，人民生活明显改善，辽宁全面振兴取得重大阶段性成就，为奋力走进现代化建设前列打下坚实基础。

吴秋君通过对地方"十三五"规划和政府工作报告的对照梳理，指出地方政府齐谋高质量发展路径。

链接：

地方政府齐谋高质量发展路径 [1]

我们发现经过 2016 年和 2017 年经济稳中向好、好于预期的发展之后，绝大多数省区市保增长压力减轻，2018 年纷纷下调了

---

[1] 吴秋君：《地方政府齐谋高质量发展路径》，《上海证券报·研究·宏观》，2018 年 03 月 31 日。

经济增速预期。

根据省级政府工作报告中提出的任务排序，可以看出"深化供给侧改革""打好三大攻坚战"和"做好实体经济，加强创新能力建设、产业升级"作为首要任务的出现频率最高。

通过对地方政府工作报告的梳理，在防范化解重大风险方面，有20个省份强调要完善金融监管体系，化解金融风险；有13个省份强调要严控地方政府债务风险；还有部分省份强调要切实降低企业债务负担。

自去年12月中央经济工作会议传递了今年经济工作任务后，今年地方两会上各省级政府结合实际情况在更为具体的层面部署了2018年主要工作任务。通过对省级政府工作报告的梳理，结合各省"十三五"规划，本文拟对地方"十三五"主要经济工作任务实施进程进行评估，对各地一份基于实施成果而谋划的新路径进行比较分析。

通过对各省份"十三五"规划和政府工作报告的对照梳理，我们发现经过2016年和2017年经济稳中向好、好于预期的发展之后，绝大多数省区市"十三五"未来3年保增长的压力减轻，2018年纷纷下调了经济增速预期。

根据各省份"十三五"规划中2020年国民生产目标值、未来3年各地达成目标的年均增速显示，有17个省份的增速压力较小，有6个省份的增速存在适当压力，剩余8个省份的增速达标存在较大压力。从全国整体层面来看，经济增速压力较小。

从2018全年来看，有20个省份下调经济增速预期，5个省份预期与上年实际增速持平，只有6个省份上调了经济增速预期。

这充分反映了各地正不断将经济着力点由"速度"转向"质量"，体现了十九大报告提出的，我国经济已由高速增长阶段转向高质量发展阶段的重大判断。结合各地设定的 2018 年经济增速预期目标来看，预计全国 2018 年 GDP 增速会较 2017 年稳中趋缓，增速在 6.7% 左右。

统计显示，在 2018 年，各地财政收入压力较大，固定资产投资增速预期下调。从各地一般预算收入增速目标来看，仅有 8 个省份的一般财政预算收入高于其设定的 GDP 增速目标，这反映了在向高质量发展转变的过程中，地方财政收入结构将面临较大的调整压力，地方财政收入增速受到一定程度制约。与此同时，为化解地方政府债务风险，地方债务融资将进一步受到约束，预计 2018 年基建投资增速将面临一定程度的放缓。根据具体披露的 22 个省份固定资产投资增速目标统计，有 16 个省份下调了 2018 年固定资产投资增速，这与预期 GDP 增速目标下调相吻合，表明在产业结构调整过程中，2018 年固定资产投资增速将面临一定的下行压力，往年的投资高增速现象或难再现。

居民可支配收入增速预期降低，消费对经济的进一步提升空间有限。从各省级政府公布的居民可支配收入增速目标来看，绝大多数将目标设定在与经济增速同步或略低于经济增速的水平，但由于预期经济增速稳中趋缓，可支配收入增速预期也随之调低。另外从各省公布的社会消费品零售总额增速目标来看，绝大多数省份围绕 10% 水平线进行设定，消费对经济增长仍起到支柱性作用，但进一步提升空间难度加大。

根据各省级政府工作报告中提出的任务排序，可以看出"深化供给侧改革""打好三大攻坚战"和"做好实体经济,加强创新能力建设、产业升级"作为首要任务的出现频率最高,分别出现9次、8次和7次。

可以看出2018年各省级政府工作部署是党的十九大精神、中央经济工作会议精神在省级层面的贯彻和落实。各省级政府工作报告中均强调要加强党对经济工作的领导,坚持稳中求进的工作总基调,坚持新发展理念,紧扣我国社会主要矛盾的变化,按照高质量发展的要求,统筹推进"五位一体"总体布局和协调推进"四个全面"战略布局,坚持以供给侧结构性改革为主线,统筹推进稳增长、促改革、调结构、惠民生、防风险各项工作,大力推进改革开放,创新和完善宏观调控,推进质量变革、效率变革、动力变革,在打好防范化解重大风险、精准脱贫、污染防治的攻坚战方面取得扎实进展,引导和稳定预期,加强和改善民生,促进经济社会持续健康发展。

从地方政府首要任务来看,由于经济发展程度不同,各省份的工作重心各有侧重。

经济增速压力较重或适当的省份强调要继续做强做优实体经济。如:广东作为经济总量连续29年处于全国第一的经济大省,达标"十三五"规划目标的经济压力处于适中区间,其2018年的首要任务是深化供给侧结构性改革,推进现代化经济体系建设。这反映了广东省要继续做强做优做大实体经济,同时推进现代化经济体系建设也表明广东在新一轮经济结构性改革的道路上要为全国摸索出先进经验,继续引导全国改革方向。山东省作为全国GDP总量排名第三的大省,达标"十三五"规划目标的经济增速压力处于适当区间。2018年山东省的首要任务是新旧动能转换,其目标是转变发展方式，促进新旧动能转换，以高质量发展为要求，推进供给侧结构性改革。目前东北三省达标"十三五"规划目标的经济增速压力处于较重或适当区间。黑龙江省2018年的首要目标是产业项目建设、创新驱动和新增长领域培育相结合，持续推动转方式调结构。

经济增速压力较小的省份强调要加强创新能力建设。福建作为经济体量排名前十的省份，处于达标"十三五"规划经济增速压力较小区间，2018年政府工作的首要任务是着力创新发展，不断提高供给质量体系。安徽经济发展程度良好，2018年将加强创新能力建设作为首要工作任务。

西部省份多数强调要打好三大攻坚战，但侧重点有所不同。贵州作为我国负债率最高的省份，将2018年首要任务安排为打好防范化解重大风险攻坚战。宁夏强调要坚持稳中求进工作总基调，切实打好防范化解重大风险攻坚战。甘肃聚焦重点难点、打好脱贫攻坚战；青海、四川和西藏则同时聚焦三大攻坚战。

东部沿海部分发达省份要为中国的改革开放摸索关键性的经验。上海、浙江作为东部沿海的发达省份，未来3年处于经济增长压力较小区间，上海在2018年的一个重要任务是探索建设自由贸易港，在对外开放上迈出先行的一步。浙江在2018年的首要任务是以更大勇气更大力全面深化改革开放，为我国的改革开放摸索出新的经验。海南省作为我国改革开放的五大经济特区之一，2018年的首要目标是深化改革开放，加快发展开放型经济和深化重点领域改革。

除上述几种类型，还有部分省份结合国家战略部署安排各省政府工作的首要任务。北京作为首都，经济增速压力处于较小区间，2018 年首要任务是进行城市规划，疏解非首都功能，坚定不移地将北京的首都功能摆在城市建设的首要位置。河北的首要任务是津京冀协同发展，服务国家战略任务，更好推进区域性整合和优化。新疆首要任务是聚焦总目标，努力营造和谐稳定的社会环境。辽宁的首要任务是狠抓深化改革。

随着我国钢铁、煤炭等传统行业去产能取得显著成效，产能利用率出现明显回升，企业效益显著改善。供给侧结构性改革在坚持去产能的同时，政策重点逐渐向补短板倾斜，由"破除无效供给、优化过剩产能"逐步转换到"培育新动能，推动传统行业优化升级"。

相比于以往重点部署去产能具体指标，今年各省级政府工作报告中多次提及改造传统行业，推动传统行业向高端化、智能化、绿色化方向改造，并结合当地产业特色发展高端制造业。例如资源型大省山西提出，2018 年将推动传统产业高端化智能化绿色化改造，推动钢铁、有色、焦炭、食品、轻工、纺织等产业向中高端突破，打造传统优势产业集群。江西则提出要推动传统行业优化升级，强化有色产业资源整合、资产重组和精深加工，优化钢铁、铜、建材产业布局，提升石化产业深加工能力，推动食品、陶瓷、家具、纺织服装等产业转型升级。

除传统行业改造升级之外，今年省级政府工作报告还对新兴产业等新经济着墨更多，并与当地产业特色匹配度较高。智能制造、新材料、人工智能、智能网联、新能源等新经济新领域词汇出现频率较高。如：广东提出，要实施智能制造示范工程，开展机器人产业发展专项行动，全年新增应用机器人 2 万台以上。天津提出，要大力发展先进制造业，培育壮大新一代信息技术、新材料等十大高端产业集群。上海提出，加快培育新能源与智能网联汽车、新一代信息技术、智能制造装备、生物医药与高端医疗器械等世界级先进制造业集群。河北则提出，以大数据与物联网、人工智能与智能装备、高端装备制造等十个领域为主攻方向。

近些年来，我国研发经费占 GDP 的比重指数亦在不断攀升。为服务于建设创新型国家大局，各地强调创新驱动式增长进一步落地，培育新兴产业培育，支持经济转型。多个省份计划将科技创新政策聚焦于新能源汽车、量子科学、人工智能、清洁能源等领域，利用创新技术进一步带动增长。如：北京提出，推动国家重大科技基础设施布局建设和发展，在石墨烯、新能源汽车、智能电网等领域新建一批国家技术创新中心。上海提出，要加强生命科学、量子科学等领域前瞻布局，新建北斗导航、机器人、工业互联网、低碳技术、临床研究等共性技术研发和转化平台。浙江则强调，在人工智能、柔性电子、量子通信、集成电路、生物医药、新材料、清洁能源等领域实施一批重大科技攻关项目。未来各省创新驱动战略的实施也会为资本市场带来一定的主题投资机会。

通过对地方政府工作报告的梳理，在防范化解重大风险方面，有 20 个省份强调要完善金融监管体系，化解金融风险；有 13 个省份强调要严控地方政府债务风险；还有部分省份强调要切实降低企业债务负担。

在防范化解金融风险方面，各地明确要深化地方金融监管体制改革，严把市场准入关，严防债券违约风险。例如，山东明确，要深化地方金融监管体制改革，坚决打击经济诈骗，恶意逃废金融债务等违法行为。上海提出，要加强金融机构信用风险、流动性风险、公司治理风险以及"僵尸企业"债务风险防控，支持地方金融机构加大不良资产核销力度，提高资本充足率，加强信用管控机制建设，建立健全监测预警、早期干预和应急机制，堵住影子银行、互联网金融监管漏洞，坚决打击违法违规金融活动。还有部分省份提出要严把市场准入关，加强对各类交易场所和影子银行、互联网金融等监管，严厉打击非法集资，管控高杠杆炒作，严防债券违约风险，引导金融机构服务实体经济，建设广覆盖、可持续的普惠金融体系。

防范化解地方政府债务风险是各地防范化解重大风险的主要着力点。根据财政部数据，截至 2017 年年底，地方政府债务余额为 16.47 万亿元。从各地政府债务规模来看，江苏以 1.2 万亿元总额占据第一，广东、山东、贵州、四川紧随其后，其规模也均超过了 8000 亿元。

我们采用债务余额占 GDP 比重衡量地方政府的整体杠杆率。结果显示，全国地方政府整体的杠杆率为 19.9%。从省级政府层面来看，贵州、青海、云南、海南和辽宁排名居于前列。而占比较低的省份是西藏、广东、河南、山东、江苏，占比均不到 20%，偿债风险相对较小。

在防范化解地方债务风险方面，显性化和"谁使用、谁负责"将成为两大突出特征。2012 年以来，地方政府隐性债务快速增加，在约束隐形债务的同时需要扩大显性债务融资渠道，地方政府专项债的扩大使得其直接对接具体项目，有助于实现专款专用。同时各地明确要对化解政府债务实行绩效考核，对违法违规举债和担保实行终身问责，倒查责任。如：贵州作为杠杆率最高的省份，提出要严格控制增量，逐步消化存量，争取国家增加地方政府债券额度，推进融资平台公司市场化转型。云南提出，要明晰债务主体，坚持"谁使用、谁偿还"，省政府不会为州市县政府债务兜底，严格实行政府债务限额和预算管理，设置政府债务"天花板"，严格控制增量债务等。

从省级政府工作报告结合中央新预算法要求，政府对债务进行兜底想法将会被打破。地方政府预算中必需的建设投资部分资金，可以在国务院确定限额内，通过发行地方政府债务举借债务，除此之外，地方政府及其所属部门不得以任何方式举借债务，除有另行规定也不得为任何单位和个人的债务以任何方式担保。在地方政府兜底想法被打破的情况下，需要关注可能发生的政府融资平台债务风险，尤其是盈利能力较差、现金流不好、资产质量较差的政府融资平台。

省级政府工作报告中的房地产调控举措，大致可以分为三个方向：一是一二线城市控房价、三四线城市去库存。二是各地纷纷增加租赁供给，搭建租赁服务平台。三是各地强调差异化调控政策。

一二线城市继续控房价，三四线城市去库存。我国各地房地产市场差异显著，东部地区去库存初步完成，已开始着重建设房地产长效机制，而中西部部分地区仍有大量库存有待消化。结合省级政府工作目标，山西、云南、广西等8个省份提及房地产去库存，其中5个为中西部省份。例如，甘肃提出要将商品房去化周期保持在合理区间。青海提出抓好"去降补"重点任务，大力破除无效供给。而一二线城市则将控房价作为重点方向。上海表示，今年加强房地产市场调控不动摇、不放松。北京则将严查变相首付贷，强化楼市调控成效。

30个省份提出建立租购并举的住房制度，增加租赁供给，搭建租赁服务平台。如：北京明确指出完善租购并举的住房制度，发展住房租赁市场特别是长期租赁，推进集体建设用地建设租赁住房。上海、浙江、山东均提出加快建立多主体供给、多渠道保障、租购并举的住房制度。福建、河南等省份提出支持机构化、规模化、专业化的住房租赁企业发展。

地方政府在落实房地产调控政策时注重差别化。绝大多数省份强调2018年要抓好房地产市场分类调控，针对各类需求实行差别化调控政策，满足首套刚需、支持改善需求、遏制投机炒房。预计各地在制定房地产调控政策时会依据地区差别以及刚需、改善与投机之间区别继续进行差别化调控。

省级政府工作目标中的国企改革方向将主要集中在混合所有制改革、重组、IPO三个方面。

一是混合所有制改革鼓励引入非公战略投资者，推行员工持股试点。例如，吉林、青海、甘肃、西藏等省份均提出要加快国企国资改革，推动混合所有制经济占比提升，鼓励民间资本进入重大基础设施建设领域。江西则提出全面深化国资国企改革，大力发展混合所有制经济，完成第二批5家企业员工持股试点，改革国有资本授权经营体制，完善现代企业制度，做强做优做大国有资本，打造国企改革"江西样板"。

二是国企兼并重组，促进资源向优势企业、重点领域集中，提高产业集中度。例如，贵州提出要大力推进国有资本做强做优做大，完成 10 户以上国有企业战略性重组；广西提出大力推进国有企业战略性重组，促进国有资本向重点行业、关键领域和优势企业集中。国企兼并重组带来行业内部整合，产业集中度的提升同时也蕴含较多的主题投资机会。

三是 IPO 方面，将会有更多的国有企业推出上市。例如，山东提出具体的上市任务清单，推动 2 至 3 户省属企业整体上市，推进齐鲁高速等 6 户企业在 A 股和 H 股上市；上海则提出到"十三五"末，整体上市企业将占竞争类企业总量 50% 以上。

从省级政府工作报告的目标、任务、举措来看，广东、山东、北京、上海、浙江、吉林、福建、甘肃等省份未来发展潜力相对突出。其中，广东和山东作为全国排名前三的经济大省，2018 年继续着眼于将实体经济做强做优，强调推进现代化经济体系建设，在转变发展方式、促进新旧动能转换上走在全国前列。北京、上海和浙江作为发展新经济的代表性省份，在政府工作报告中强调创新驱动式增长，提出一系列科技创新举措，服务于新兴产业培育、引领经济转型。吉林、福建和甘肃则体现了奋进赶超的发展姿态，是全国仅有的三个主动提高经济增速预期的省份。未来具有投资价值的领域将是高端制造业、开放型经济、国企改革。在今年各地政府工作目标中，多数省份均提及改造传统行业，并结合当地产业特色发展高端制造业，结合供给侧结构性改革政策重心向补短板侧重，未来高端制造业是重点发展领域。国企改革方向将更多集中在混合所有制改革和兼并重组方面，行业内部整合带来产业集中度提升的同时也蕴含较多的主题投资机遇。

黑龙江省出台十项措施
推动外贸高质量发展

2018 年 7 月 17 日，黑龙江省人民政府印发《支持对外贸易发展十条措施》，持续推动本省对外贸易向高质量发展，夯实外贸发展基础，巩固外贸回稳向好的态势。

链接：

黑龙江省支持对外贸易发展十条措施

为继续贯彻落实《黑龙江省人民政府关于印发黑龙江省促进外贸回稳向好若干措施的通知》（黑政发〔2016〕34 号）精神，夯实外贸发展基础，巩固外贸回稳向好态势，推动我省对外贸易向高质量发展，特制定如下措施。

一、支持培育外贸自主品牌建设。发挥外贸转型升级基地的带动作用，加快培育我省外贸自主商品品牌、企业品牌和区域品牌，实施自主品牌出口增长行动计划。支持各地在调整对外贸易结构、出口基地建设和企业开展研发创新、收购境外品牌、境外商标注册、产品认证等给予一定的政策资金支持。通过外贸自主品牌建设，培育外贸竞争新优势，实现外贸转向高质量发展。（省商务厅、财政厅、农委、工信委、工商局、质监局负责）

二、支持资源类产品进口。鼓励对周边国家开展资源开发合作，扩大资源类产品进口。根据市场发展需求，结合我省实际，重点支持木材、纸浆、化肥、铁矿砂等产品进口，根据在我省落地加工量给予补贴。促进企业扩大进口，延伸产业链，提高进口加工利用率。（省商务厅、财政厅负责）

三、支持外贸新业态发展。支持有条件的、成熟的商品市场申报国家市场采购贸易试点，积极争取我省边境旅游购物在绥芬河、东宁沿边开发开放试验区先行先试纳入市场采购贸易试点，或以市场采购贸易方式开展边民互市贸易出口业务；支持我省跨境电子商务平台与海关、邮政部门合作，推动跨境电子商务邮政货物出口业务纳入海关统计，对跨境电子商务综合服务平台建设、数据采集给予支持。扩大外贸新业态新模式贸易规模，2018年争取实现10亿元，到2020年争取实现50亿元。（省商务厅、财政厅、哈尔滨海关、省邮政公司、哈尔滨市政府负责）

四、实施"千企百展"行动计划。组织千家企业参加百场境外展会。对由省政府主办或经省政府批准、支持的境外展洽活动，对参展企业标准展位的展位费给予70%补贴；对每个展会不超过2名参展人员发生的国际交通费，按经济舱标准给予70%比例补贴，住宿费按不超过国家规定公务人员出国住宿费标准的70%给予补贴；对展品运输费补贴，每个标准展位最高不超过5000元；单户参展企业全年补贴不超过10万元。通过"千企百展"行动计划，引导企业走出去，宣传推介我省出口商品。各级政府要搭建交流合作平台，加强我省企业与境外企业交流互动，开拓国际市场。（省商务厅、财政厅负责）

五、支持国际营销网络建设和设立代表处。支持企业建立海外营销网络、商品展示中心、海外仓和物流服务网络等。先期重点在德国、俄罗斯及韩国建立黑龙江商品展示中心，展示我省名优商品，打造黑龙江商品的境外窗口，根据展示中心的规模、品牌数量、品种数量、展示效果给予一定的政策支持，发挥政府资金的引导和带动作用。探索研究省贸促会在德国、俄罗斯、韩国设立黑龙江省驻海外商务代表处，搭建外经、外贸、招商引资为一体的互动平台，加强我省与所在国家的经贸往来、交流合作。具体支持办法由省财政厅、商务厅、贸促会共同研究制定。（省商务厅、财政厅、贸促会负责）

六、支持服务壮大外贸主体。按照省委"打造一个窗口，建设四个区"的要求，充分利用哈尔滨新区，哈尔滨、绥芬河两个综合保税区，境内外园区，引进加工类企业和与广东对口合作机制承接加工贸易梯度转移项目，壮大对外贸易主体；支持境外园区发展，打造跨境产业和产业聚集带，对入区企业率高、跨境产业链完备、附加值高、形成贸易规模的园区给予资金支持；积极引导企业利用黑河公路大桥、同江铁路大桥开展跨境经贸合作，发展跨境产业；开展外贸人才培训，提升企业能力，充分利用企业家成长计划平台，加大培训力度；开展对外贸企业服务工作，免费提供境内外相关法律法规政策咨询服务；支持建立外贸企业项目数据库及大数据分析平台；优化出口退税服务，提高出口退税效率，做到应退尽退，解决企业流动资金紧张问题。（省商务厅、财政厅、税务局负责）

七、全面推进通关便利化。成立由省分管领导为召集人，海关、边检、商务、财政、物价监管等部门联合组成的黑龙江省对外贸易企业协调议事机构，办公室设在省商务厅，重点协调解决外贸企业遇到的贸易环节制度性障碍及有关困难，联手打造优良的外贸营商环境。推进符合国际贸易标准版"单一窗口"建设，到 2018 年末实现 70% 覆盖，2019 年争取实现 100% 覆盖；加强对外贸企业乱收费行为的监督检查，降低制度性交易成本。（哈尔滨海关、省财政厅、物价监管局、商务厅、省公安边防总队负责）

八、加大金融支持力度，创新金融产品。充分统筹利用现有资金，支持外贸企业融资增信、风险抵押、关税保险保证金和银行倒贷等。发挥政府和民营融资担保机构增信作用，引入有实力的担保机构与银行合作，为企业融资提供增信支持，发挥杠杆撬动作用，放大融资规模，降低企业融资门槛和成本，破解"融资难、融资贵"问题。支持金融机构进一步扩大基于外贸订单、保单、应收账款、仓单质押等抵质押融资规模。（省商务厅、金融办、人民银行哈尔滨中心支行、黑龙江保监局、省财政厅负责）

九、加大信保支持力度。支持具有承保出口信用保险资格的金融机构开展出口信保业务，扩大出口信保国别市场覆盖面，扩大小微企业覆盖面，引导企业积极利用出口信用保险扩大外贸出口。对符合国家小微企业认定标准的企业投保出口信用保险其保费给予全额补贴；对自主缴费投保短期险的农产品出口企业给予保费 90% 补贴，对自主缴费投保短期险的其他企业给予保费 70% 补贴；对"走出去"的境外投资企业投资保险费给予补贴。根据国别地区市场信用风险评级，补贴逐步采取退坡机制。通过出口信用保险降低企业风险，增加企业出口积极性，扩大出口规模。（省商务厅、财政厅、黑龙江保监局、具有承保出口信用保险资格的金融机构负责）

十、支持开展外贸集疏运服务体系建设。重点培育面向欧亚物流枢纽区及国际贸易大通道，完善外贸集疏运服务体系。支持哈欧、哈俄、哈绥俄亚、龙运等国际班列（车）开展集疏运、营销推广、组织货源、扩大运量，对跨境货物集疏运系统建设、枢纽集货网点建设、循环器具和推广给予资金支持。推动班列的健康发展，实现借港出海、东出西进、南北贯通。（省商务厅、财政厅负责）。

山东：打造农业高质量发展样板①

山东省人民政府办公厅 2018 年 7 月 21 日印发《山东省新旧动能转换现代高效农业专项规划（2018—2022 年）》（以下简称《规划》），提出到 2022 年，农业新旧动能转换取得重要阶段性成果，全省农林牧渔业总产值达到 1 万亿元以上，现代高效农业增加值力争达到 1200 亿元，半数以上的县（市、区）基本实现农业现代化，农村居民人均可支配收入增幅高于城镇居民。到 2028 年，农业新旧动能转换取得显著进展，全省基本实现农业现代化。

推动现代高效农业发展、实现产业振兴，是乡村振兴的基础。《规划》侧重从新旧动能转换的角度，推动农业产业振兴。省农业厅副厅长庄文忠表示，围绕打造乡村振兴齐鲁样板，从大的样板上看，《规划》主要考虑通过实施质量兴农、品牌强农战略，打造农业高质量发展的样板；围绕发展现代农业，打造乡村产业融合的样板；走现代生态农业之路，打造农业绿色发展的样板；坚持"走出去""引进来"相结合，打造农业开放发展的样板；以改革开放为引领，打造农业新旧动能转换的样板。从具体的样板上看，《规划》主要考虑重点建设农业"新六产"示范县 50 个，培育农业"新六产"示范主体 600 家；创建 50 个特色优势明显、产业基础好、发展潜力大、带动能力强的省级以上特色农产品优势区；全省整建制创建农

①参见《山东：打造农业高质量发展样板》，山东农业信息网，2018 年 08 月 20 日。

产品质量安全县，基本形成标准化生产、产业化运营、品牌化营销的现代农业新格局。

值得关注的是，为加快现代高效农业方面的新旧动能转换，山东省建立了"6 个 1"协调推进体系：由 1 名省领导同志牵头；1 个专班推进，成立了由省农业厅、省委农工办主要负责同志任组长，省农业厅、省委农工办、省水利厅、省林业厅分管同志和相关职能处室负责同志为成员的工作专班；1 个规划引领，即现代高效农业专项规划；1 个智库支持，从院士、长江学者、泰山学者、千人计划等一流专家学者中遴选了 21 名专家，筹建高端人才智库；1 个协会助力，确定山东省农业产业化促进会作为现代高效农业的助力协会；1 支基金保障，设立现代高效农业产业母基金。

庄文忠表示，现代高效农业专项规划是山东省历史上第一个现代高效农业发展规划，是"6 个 1"协调推进体系的重要内容，也是农业领域新旧动能转换的总统领，其印发实施标志着山东省现代高效农业建设由规划阶段转入实施阶段。下一步，我省将围绕规划提出的结构调整、质量品牌、农村改革等六大重点任务，聚焦粮食生产功能区提升工程、特色农产品优势区提升工程、农业绿色发展先行区创建工程等十二大工程，指导各地因地制宜制定具体实施方案，着力推动重点任务落实落地，确保实现既定各项目标任务。

福建：激活高品质消费 推动高质量发展 ①

源自福建的新零售巨头超级物种不断"进化"，加速抢占市场；一系列推动消费升级的举措密集出台，社会消费品零售总额增幅高于全国 2.8 个百分点；体育健康、家政服务、文化、养老等新兴消费，不断为消费升级打开新空间……上半年，福建全省社会消费品零售总额 6863.94 亿元，同比增长 12.2%。从无到有、从有到优的消费追求，成为推动福建经济高质量发展的重要牵引力。

既要"买得到"，更要"买得好"

12.2% 的增幅背后，有传统消费稳定增长，也有升级类消费较快增长：食品饮料烟酒类、服装鞋帽纺织品类商品零售额同比分别增长 27.4%、19.1%，石油及制品类商品零售额同比增长 13%。同时，限额以上金银珠宝类、化妆品类、家用电器和音像器材类零售额同比分别增长 22.4%、17.1%、15.1%。通过互联网实现的商品零售额同比增长 24.6%。

业内人士认为，除了消费规模扩大、消费质量提高，如今扩大消费需求的内涵更加丰富，还应包括消费结构改善和消费理念转变。在衣食等物质消费和生存型消费数量与质量提升的同时，人民群众对非物质消费和发展型消费占的需求潜力将不断释放。

---

① 郑璜璜：《激活高品质消费 推动高质量发展》，《福建日报》2018 年 07 月 27 日 01 版。

高质量发展不能"等、靠、要",只有主动出击、主动变革,才能创造新供给、引领新消费。

上半年,福建省推出一系列推动消费升级的举措,为促进消费市场活跃注入新动力——

福建《全省商务、文化、体育领域消费升级、促进消费增长工作方案》从6个商务领域、4个文化领域、3个体育领域提出促进消费升级举措;

促进家政服务业发展八条措施聚焦延伸到200多个服务项目,积极推动我省家政服务业向规范化、标准化、规模化、信息化、品牌化方向发展;

《福建省城乡高效配送专项行动计划(2018—2020)》提出构建城市配送网络体系、优化城乡配送组织方式、强化城乡配送技术标准应用、推动城乡配送绿色发展、提升城乡配送管理水平等举措。

全国范围内,更多主动扩大进口、挖掘消费潜力的措施也已开始实施——

5月1日起,取消了包括抗癌药在内的28项药品进口关税;7月1日起,相当幅度降低汽车进口关税,同日,进一步降低日用消费品进口关税;今年11月,首届中国国际进口博览会将举行……未来,消费拉动经济增长的作用将进一步增强。

线上线下,打破零售边界

快速密布的线下门店布局、结合年轻人习惯的线上支付和已经比较成熟的即时物流配送,实现自提、外送相结合,从春节后正式登陆福建以来,瑞幸咖啡的开店步伐迅猛,福厦两地已经营业和正在装修的店面接近50家。

通过 APP 把顾客喜好、消费时段和热点地段等数据收集并反馈至后台，对这些消费特征加以分析，为新门店选址、研发新品提供依据，瑞幸的扩张还在继续。

6 月，瑞幸咖啡全国总部落户厦门，其在消费行业和咖啡市场刮起的这场风暴，福建民众将有更近距离的感受。

2018 年，新零售战局呈现出愈演愈烈的势态。作为业内最为关注的两大新零售巨头，永辉超级物种和阿里盒马鲜生更在福建市场"短兵相接"。

截至上半年，超级物种在福建省门店已达 14 家，而被视为竞争对手的盒马鲜生，也于 2018 年闯入福州，并于上半年开出两家门店，在选址上直接临近超级物种。

"新零售早已成为各城市促进新消费、打造新生活方式的关键动能。"福建农林大学教授、福建省东南商务管理研究院院长许安心认为，以盒马鲜生和超级物种为代表的新零售业态综合运用大数据、移动互联、智能物联网、自动化等技术及先进设备，实现了人、货、场三者之间的最优化匹配，对其入驻的商圈而言，其他商家也应该借势"虹吸效应"，尽快完成线上线下融合发展的转型升级，分享新零售发展带来的红利。

另一方面，实体零售呈回暖之势。经过数字化、智慧化改造，传统百货打造的年轻化、多元化、社交化消费场景，已成为俘获新生代的撒手锏。通过有趣的事物将年轻的客流带入，帮助传统零售商圈优化顾客结构，将在一定程度上帮助传统百货完成转型。

下一步，省商务厅将研究打造或先评估确定福建若干个世界级商圈、国内一流商圈、特色商业街区、福建特色新品牌、老字号等，进一步推动消费升级和商务发展。

供销两旺带热农村消费

要想提升农村消费能力，很大程度上必须借助农产品增收。

今年初夏，漳州的杨梅在网络上火了。尤其是主打标准化、品牌化、可追溯的"蜜卡柔18°杨梅"，产地凌晨采摘，冷链直发至消费者手中，严格把运输时间控制在48小时以内；每一盒杨梅都拥有唯一追溯身份码，消费者直接通过微信扫码，追溯每颗杨梅的生产基地、种植养护、采摘品检、采收批次等全生命周期作业的详细记录。

这样"有身份"的杨梅，深受城市白领客户喜爱，不到一个月，线上加线下渠道推广接近3万斤，成交额近100万元；仅京东龙海特产馆销售就达2000多件，网销金额约35万元，帮助当地种植户增收5万元以上。

随着农村居民收入增加，农村地区交通、物流、通信等消费基础设施进一步完善，乡村消费，正以超过城镇的增速迅速增长，带来区域市场结构的优化。

据统计，上半年，福建全省乡村市场零售额684.91亿元，同比增长16.4%，增幅同比提高3.3个百分点；城镇市场零售额6179.03亿元，同比增长11.7%，增幅同比提高0.4个百分点。乡村市场增速比城镇市场高4.7个百分点。

即使是在增幅高达33.9%的网络零售领域，福建省农村电商也交出亮眼成绩单：农村电商网络零售额603.8亿元，同比增速达39.3%，高于全国增速4.9个百分点，17个国家级电商示范县网络零售额更是同比增长42.2%。

下好改革开放先手棋

——新时代浙江谋高质量发展综述 ①

浙江是中国改革开放的先行地之一，新时代谋求高质量发展是献给改革开放 40 周年的最好礼物。浙江以"开天辟地、敢为人先"的首创精神，创造了发展的奇迹，并一次次诞生了行之有效并向全国推广的浙江经验。

步入新时代，浙江既要有继续当好全面深化改革探路者的非凡担当，更要有继续统筹推进各领域各方面改革的新突破、新作为，在新的起点上以高质量发展谋求改革新高度。

改革开放是实现高质量发展的关键一招。对浙江而言，谋求高质量发展，就是要下好改革开放先手棋。坚持供给侧结构性改革主线，以"最多跑一次"改革为牵引，再创体制机制新优势，营造良好营商环境；以更高层次的开放整合全球资源，为经济社会持续健康发展提供强劲动力。

让创新要素自由流动

最近一段时间，浙江一系列"改革大招"引发广泛关注——

年初，省政府发布《关于深化"亩均论英雄"改革的指导意见》，这意味着浙江"亩产效益"企业评价和资源要素市场化配置

---

① 刘乐平：《下好改革开放先手棋——新时代浙江谋高质量发展综述》，人民网，2018 年 04 月 13 日。

改革将进一步深化。根据该指导意见，这一办法的考核范围由工业扩大到服务业、由企业扩大到地方政府。

去年下半年，德清挂牌出让浙江全省首块"标准地"。不同于以往，这块地，对土地产出、亩均税收、单位工业增加值能耗和环境标准4个指标作出明确要求。企业拿地前，就已经知道该地块的使用要求和标准，经相关部门"一窗受理"后，可直接开工建设，不再需要各类审批，建成投产后，相关部门按照既定标准与法定条件验收。

2月，浙江省在省能源集团、省交通集团启动开展省级国有资本投资公司试点工作。这是继去年初组建省国有资本运营公司之后，浙江深化国企改革的又一重要举措。专家评价，这是推动国资监管从"管企业"向"管资本"转变的又一突破。

从这些举措中，不难看出背后深意：浙江正在以新一轮改革，再创体制机制新优势，为高质量发展提供制度保障和有力支撑。

改革开放以来，浙江这个资源匮乏的省份，仿佛被激活了发展能量，找到了撬动发展的支点，创新要素活力迸发，经济发展又快又好，绿水青山诗意栖居……这背后究竟潜藏着怎样的神奇密码？答案是先发的体制机制优势。

推动经济高质量发展，必须形成一个适应高质量发展的制度环境。眼下，浙江省正在着力构建市场有效、政府有为、企业有利的体制机制。

各地的改革探索更为密集。全面深化"亩均论英雄"改革，扩大亩产效益综合评价范围。作为"亩均论英雄"的"先行军"，嘉兴市最近又发布了《关于深化工业企业绩效综合评价结果应用的意见》，把"正向激励＋反向倒逼"的有效机制提升到了新高度。

以企业对标竞价的"标准地"制度为抓手，积极推进要素配置市场化改革。在湖州,企业投资项目"标准地"模式全面推广,这有利于土地节约集约利用,有利于培育壮大产业集群,最终推进高质量发展。

浙江省工业与信息化研究院院长兰建平表示,这一系列改革举措,其用意在于,通过体制机制的创新,提高资源配置效率效能,推动资源向优质企业和产品集中,推动创新要素自由流动和聚集,使创新成为高质量发展的强大动能。

营商环境就是生产力

4月初,提交开办企业相关手续申请后的第三天,杭州市桐庐县市民俞汪培在该县行政服务中心商事登记综合窗口,一次性拿到了其开办建材公司的营业执照、公章、发票、开户许可证,远快于20多天的当前全国平均开办速度。

眼下,"最多跑一次"改革正在浙江各地深入推进,推动各级机关部门解放思想、全力以赴融入改革大潮,营造纵向高效联动、横向破壁交融的局面。目前,省级"最多跑一次"事项达到665项,通过第三方评估,全省"最多跑一次"实现率达到87.9%。

今年全国两会,"最多跑一次"被写入政府工作报告,推向全国。这背后,是各地政府对营商环境的极端重视。"最多跑一次"改革以创新政府服务方式来打造最佳营商环境,通过更好发挥政府作用全面激发市场活力,以开创经济发展的新局面。

兰建平表示,从制度经济学的角度来看,营商环境也是种资源要素,并且相当稀缺、不可替代。只有通过优化营商环境,才能释放制度生产力,从而提升整体生产率。

对一个地区的经济发展来说,营商环境好比生态系统,生态系统优良，则万物生长；生态系统恶劣，则草木凋零。

在浙江大学管理学院院长魏江看来，"最多跑一次"改革反映了浙江构建"高效政府"的决心和做法。其本质是通过一系列改革的叠加作用，构建一个全省域范围的"高效政府"，从而提升营商环境这一生产力。

营造公平公正、高效便捷的营商环境，各种优质生产要素才能涓汇成海，无数创业者的梦想才能拔节生长，市场主体"铺天盖地""顶天立地"的期盼才能变成现实。数据显示，截至2017年底，福建全省在册市场主体593.4万户，同比增长12.2%，市场主体总量居全国第4位，人均市场主体拥有量居全国第1位。

"最多跑一次"改革正在从浙江走向全国。着眼于新一轮改革开放，浙江要继续创造和保持市场经济活力，必须深化"最多跑一次"改革。今年的省政府工作报告强调，"最多跑一次"改革是浙江全面深化改革的总抓手，必须贯穿到政府运行各环节，渗透到经济体制改革各领域，延伸到社会治理各方面，加快实现治理体系和治理能力现代化。

优化营商环境，"牛鼻子"是深入推进行政审批制度改革。新的目标已经明确：全面推广"一窗受理、集成服务"，年底前所有民生事项和企业事项实现"一次办结"；加快推行企业投资项目审批制度改革，年底前全面实现企业投资项目开工前审批全流程最多跑一次、最多100天。

打造全球开放发展高地

刚刚举办的博鳌亚洲论坛传递出强烈信号——"中国开放的大门不会关闭，只会越开越大！"

观察今日浙江，中国（浙江）自由贸易试验区、舟山江海联运服务中心、义甬舟开放大通道等重大开放平台应运而生；横贯欧亚的"中欧班列"越跑越"欢"；波音、思科、苹果、大众等世界500强企业先后入驻浙江……

放眼世界，吉利控股集团2018年首次越洋"买买买"，就通过旗下海外企业主体收购戴姆勒股份公司9.69%具有表决权的股份。浙商海外并购已是一轮又一轮"冲锋"，万丰奥特控股集团已将美国Pasline、加拿大DFC航校、捷克DF航空、加拿大钻石飞机等纳入囊中；随着奔驰的"中欧班列"，义乌"买全球、卖全球"的步伐不断加速……

从产品出口到资本出海，从海外设厂到建设工业园区，近年来，浙商紧跟国家大战略，引进来和走出去同步加速，浙江经济与全球经济水乳交融。与此同时，浙江不断创新平台建设，以改革健全完善海港、陆港、空港、信息港融合发展机制。

新一轮的全面开放，正把浙江经济社会发展带入一个高质量发展阶段。省发展规划研究院研究员潘毅刚说："通过新一轮的全面开放，全球的商品、人才、要素在我们的平台上自由流动、交易，形成一个全球的开放发展高地。"

40年改革开放的历史已经雄辩地证明了，对浙江这个人多资源少、市场经济又比较发达的地区来说，以更高层次的开放来推进高质量发展，是高水平全面建成小康社会的重要一招。

对浙江而言，更高层次的开放，就是要深度参与"一带一路"建设，加快建设开放强省。

建好自贸区，争创自贸港。浙江省把全力争取自由贸易港落地浙江写入了政府工作报告。眼下，绿色石化基地、舟山航空产业园等一批项目，为浙江自贸试验区发展打下了坚实基础。接下来，浙江省要扭住世界级油品交易中心和大宗商品人民币国际化结算两个关键"牛鼻子"，今年将办好第二届世界油商大会，并引进一大批跨国公司落户浙江。

构筑对外开放大平台，拥抱"全球朋友圈"。浙江与中东欧16国的"热恋"，是基于中东欧博览会的牵线搭桥。2015年以来，宁波连续举办了三届中国—中东欧国家投资贸易博览会。眼下，浙江省正积极创建中国—中东欧国家经贸合作示范区。

推进"一带一路"捷克站建设。"一带一路"捷克站将发挥捷克在新亚欧大陆桥建设中的区位优势与产业优势，建设具有服务中心、贸易中转、物流中枢功能，涵盖物流、商贸、先进制造、综合服务等区块的开放综合体。据悉，浙江省还将积极推进迪拜站建设，促进"一带一路"建设节点网络化。

浙江是中国改革开放的先行地，新时代谋求高质量发展是献给改革开放40周年的最好礼物。浙江以"开天辟地、敢为人先"的首创精神，创造了发展的奇迹，并一次次诞生了行之有效并向全国推广的浙江经验。

步入新时代，浙江既要有继续当好全面深化改革探路者的非凡担当，更要有继续统筹推进各领域各方面改革的新突破、新作为，在新的起点上以高质量发展谋求改革新高度。

改革开放是实现高质量发展的关键一招。对浙江而言，谋求高质量发展，就是要下好改革开放先手棋。坚持供给侧结构性改革主线，以"最多跑一次"改革为牵引，再创体制机制新优势，营造良好营商环境；以更高层次的开放整合全球资源，为经济社会持续健康发展提供强劲动力。

河北省委省政府印发
《关于全面推动高质量发展的决定》

为全面贯彻党的十九大精神和中央经济工作会议部署，深入实施质量强省战略，加快实现高质量发展，经省委九届六次全会审议通过，省委、省政府印发《关于全面推动高质量发展的决定》（以下简称《决定》）。

决定指出，中国特色社会主义进入了新时代，我国经济发展也进入了新时代。新时代经济发展的特征，就是经济已由高速增长阶段转向高质量发展阶段。全面推动高质量发展，是保持经济持续健康发展的必然要求，是适应我国社会主要矛盾变化和全面建成小康社会的必然要求，是遵循经济规律发展的必然要求，是新时代全面建设经济强省、美丽河北的必然要求，对于建设现代化经济体系、不断提高全要素生产率，全面提升我省经济、文化、社会、生态、城乡建设管理、政府服务质量水平，满足人民日益增长的美好生活需要，具有重大现实意义和深远历史意义。

决定强调，要全面贯彻党的十九大精神，坚持以习近平新时代中国特色社会主义思想为统领，全面落实习近平总书记对河北工作提出的一系列重要指示要求，加强党对经济工作的领导，坚持稳中求进工作总基调，坚持新发展理念，紧扣我国社会主要矛盾变化，按照高质量发展的要求，统筹推进"五位一体"总体布局和协调推进"四个全面"战略布局，以供给侧结构性改革为主线，统筹推进稳增长、促改革、调结构、惠民生、防风险各项工作，推动质量变革、效率变革、动力变革，坚持创新竞进、协同融合、改革开放、转型升级、提质增效、改善民生、优化环境，促进经济社会持续健康发展，加快建设新时代经济强省、美丽河北。

决定强调，推动高质量发展，必须全面贯彻习近平新时代中国特色社会主义经济思想，建设现代化经济体系。要深化供给侧结构性改革，切实提高供给体系质量。大力破除无效供给，大力培育新动能，大力降低实体经济成本。要深入推进京津冀协同发展，高起点规划高标准建设雄安新区。有力有序推进雄安新区规划建设，按照"四个办奥"理念筹办冬奥会，推动协同发展向深度广度拓展。要加大重点领域改革力度，激发各类市场主体活力。推动国有资本做强做优做大，积极支持民营企业发展，持续推进"放管服"改革，深化财税体制改革，发挥金融对经济增长的支撑和保障作用，打好防范化解重大风险攻坚战。要实施乡村振兴战略，促进城乡联动发展。科学制定乡村振兴战略规划，推进农业供给侧结构性改革，实施农村人居环境整治行动，健全城乡融合发展体制机制，提高城镇化质量。要发展更高层次开放型经济，推动形成全面开放新格局。精准开展大规模招商引资，提高出口质量和附加值，积极开展优势产能国际合作。要提高保障和改善民生水平，增强人民群众获得感幸福感安全感。打好精准脱贫攻坚战，精心谋划实施民生工程，加强和创新社会治理。要扎实推进住房制度改革，完善促进房地产市场平稳健康发展的长效机制。落实房地产市场调控政策，抓好以棚户区改造为重点的保障性住房建设，租购并举多渠道增加住房供应。要树立和践行绿水青山就是金山银山的理念，加快推进生态文明建设。打好污染防治攻坚战，推进生态保护修复，加快生态文明体制改革。

决定要求，要加强组织领导，狠抓工作落实。坚持和加强党对经济工作的领导，健全推动高质量发展的工作机制，增强领导干部推动高质量发展的本领，组织开展创新创业、服务发展服务群众活动，形成干事创业、推动高质量发展的浓厚氛围。

四川省委发布
《关于全面推动高质量发展的决定》

2018 年 6 月 30 日，四川省委向社会全文发布《中共四川省委关于全面推动高质量发展的决定》（以下简称《决定》）。《决定》重点围绕区域布局、开放合作、乡村振兴、产业发展、创新驱动、重点改革、风险防范、生态建设、民生改善、组织保障等方面提出了 26 条重大举措，为深入实施质量强省战略，加快实现高质量发展提供了基本路径和行动纲领。

《决定》指出，推动四川高质量发展，必须以习近平新时代中国特色社会主义思想为指导，统筹推进"五位一体"总体布局、协调推进"四个全面"战略布局，坚持质量第一、效益优先，坚决打好防范化解重大风险、精准脱贫、污染防治攻坚战，深化供给侧结构性改革，推动质量变革、效率变革、动力变革，加快建设经济强省。

《决定》强调，推动四川高质量发展，必须坚持问题导向。着力解决产业体系不优的问题，以夯实实体经济为抓手优化产业结构，改变产业竞争力不强、缺乏大企业大集团引领的现状，整体提升产业层次和水平。着力解决市场机制不活的问题，深化重点领域和关键环节改革，破除民营经济活力不强、国有企业竞争力不高、资本市场不健全、营商环境亟待改善等障碍，充分激发市场活力和社会创造力。着力解决协调发展不足的问题，以区域发展布局统筹交通、产业、开放、生态和公共服务等生产力布局，补齐区域发展不平衡、城乡差距较大、产业趋同明显、互联互通不足等短板，推动各区域共同繁荣发展、同步全面小康。着力解决开放程度不深的问题，推动内陆和沿海沿边沿江协同开放，破解盆地意识较浓、开放平台不足、开放通道不畅、开放型经济水平不高等制约，建设内陆开放经济高地。

《决定》强调，推动四川高质量发展，必须全面落实新发展理念，实施"一干多支"发展战略，对内形成"一干多支、五区协同"区域协调发展格局，对外形成"四向拓展、全域开放"立体全面开放格局，奠定经济强省坚实基础。当前和今后一个时期，聚力建设国家创新驱动发展先行省，推动新旧动能转换，加快产业转型升级，构建高端突破、优势凸显的现代产业支撑；聚力推进城乡融合发展，以城市群为主体形态，完善大中小城市和小城镇体系，构建功能完备、集群发展的城镇载体支撑；聚力提升以综合交通为重点的现代基础设施体系，构建智能绿色、互联互通的基础设施支撑；聚力建设美丽四川，筑牢长江上游生态屏障，构建山清水秀、城乡共美的生态环境支撑；聚力如期完成脱贫攻坚任务，提高保障和改善民生水平，增强人民群众获得感幸福感安全感，构建守住底线、公平普惠的公共服务支撑。

《决定》还对推动品质革命和品牌创建作出部署。要求深入开展质量提升专项行动。健全标准规范、流程管理、产品认证、第三方质检、产品召回等制度。建成一批国家质检中心和产业计量测试中心。支持企业主导制定国际和国家标准。推进计量、标准、认证认可、检验检测国际互认。探索开展标准融资增信。建立健全质量安全有奖举报、惩罚性赔偿等制度。开展质量强市（县）示范创建。

支持高校设立质量发展研究院。同时，大力实施四川品牌创建行动计划。完善"四川制造"管理标准，制定"四川服务"应用标准，建立特色优势产品质量标准体系。支持四川制造品牌推广应用，建立四川品牌发展联盟，鼓励使用"四川制造"认证产品。探索建立品牌保护跨区域联合执法机制。推进商标国际注册。开展质量品牌促进地方立法工作。建立健全质量品牌奖励制度，支持企业创建驰名商标。

《决定》要求，加快形成推动高质量发展的指标体系、政策体系、标准体系、统计体系、绩效评价、政绩考核，按照不同区域功能定位和阶段性任务实行差异化考核，开展高质量发展效能评估。健全正向激励、能上能下、容错纠错机制，大力营造想干事、能干事、干成事的浓厚氛围，引导党员干部进一步解放思想、拼搏实干，在新时代展现新担当新作为。

下 篇

高质量发展，企业家怎么看怎么干

高质量发展，两会期间企业家代表怎么看

推动高质量发展是一项艰巨而复杂的系统工程，在这项工程中，企业家是重要主体，企业家精神是关键要素。改革开放40年来，一大批优秀企业家在市场当中迅速成长，一大批具有核心竞争力的企业不断涌现，为积累社会财富，创造就业岗位，促进经济社会发展，增强综合国力作出了重要贡献。高质量发展时代，需要高素质企业家，需要大力弘扬新时代企业家精神。高质量发展，企业家怎么看、怎么干？

今年全国两会期间，"高质量发展"也成为众多企业家代表口中的"热词"。

链接：

企业家代表谈高质量发展 [①]

全国人大代表、中车株洲电力机车公司董事长周清和：制造业发展要靠创新

随着我国经济进入高质量发展阶段，要把制造业做实、做强、做优，创新升级是唯一出路。

---

① 根据2018年全国两会期间中国经济网相关报道整理。

从国家层面讲，要加快构建国家制造业创新体系，建成一批高水平制造业创新中心，打造一批创新型领军企业，培育若干世界级先进制造业集群，推动实体经济向中高端迈进。从企业层面讲，要完善以企业为主体、需求为导向、产学研深度融合的技术创新体系，提高产品的附加值，使科技创新在制造业中的贡献份额不断提高。

国家鼓励企业进行科技创新，但有一些政策跟不上创新实践，比如科技资源分配、科研项目申报、新产品审批等涉及准入方面的政策门槛仍然较高，建议精简创新产品的审批流程。企业要全面开展质量提升行动，善于运用新技术、新业态、新模式改造提升传统产业，实现生产智能化和产品智能化。

全国政协委员、北京叶氏企业集团董事长叶青：拒绝超速注重细节稳步发展

我们公司这么多年一直就遵守高质量发展理念，而不是盲目扩张、贪大发展。尤其是作为服务业，我认为更要高质量发展，而这是需要多年积累和沉淀的。服务行业经营的时间越长，越说明其高质量的水准，并且越适合经济的发展。

叶氏企业集团主要做产业园区建设，这几年涉及了物业管理。在园区内有国有企业、高科技企业等，园区定位不是孵化器，而是成长性高科技企业助推器。高质量的服务铸就了一个助推企业健康良性成长的大平台。同时我一直坚持注重细节，这也是提高质量的重要元素。

我认为，企业发展不能"随大溜"，作为中小企业，公司控制发展速度，拒绝超速发展。同时，企业家做企业更不能抱着赌博的心态，而是要扎实地一步一步地发展。如果每一个企业都是

注重从质量上下功夫,稳步扎实地发展,那么,国家的经济水平必然是稳健的。

全国政协委员、武汉高德红外公司董事长黄立:掌握核心技术才能享受高质量红利

武汉高德红外股份有限公司走高质量发展道路走得比较早。公司成立之初掌握的核心技术少,上市募得资金后,我们把大量资金又反哺到研发核心技术里。

现在我们已经从一般性的制造业企业转型为掌握核心技术且具有系统总体能力的军民融合高科技企业。

特别是核心芯片技术,打破了西方封锁,真正实现了完全自主的红外焦平面探测器。在高科技武器装备方面,高德也是民营企业中作完整武器系统制造商的唯一一家。我相信下一阶段高德将享受到高质量发展的红利。

同时,企业家精神也是决定企业是否走好高质量发展道路的关键因素之一。因为高质量发展要靠企业家去践行,企业家必须认识和理解到高质量发展的重要性,提升自身眼界和能力,带领企业顺势发展,把企业做大做强。

全国政协委员、上海微创医疗器械集团董事长常兆华:有量无质的企业将是昙花一现

高质量是企业品牌建设的核心要素,质量不好,品牌就不可持续。产品追求品质,量才能持续,企业才有可持续的经济效益。

我的企业从事的是医疗行业,医疗行业质量关乎生命,救人和害人之间,一线之隔。质量既是我们医疗行业的生命线,也是企业核心和生命力。企业有量无质,也就是昙花一现,不可持续。

要保证产品品质，高质量理念必须融入企业血液里面，要有决心，而不能只是喊喊口号，要付诸行动，需要心智，有毅力，有点"愚钝"精神，不能耍小聪明。我们公司生产的每件产品都会决定一名患者的生死，因而我们苛求每一位员工全身心执着地追求产品质量零缺陷和"服务缺位零容忍"。在内部日常工作中，也要求员工以同样的心态去追求工作质量，在细微之处求进步，汇集点滴之力打磨精细之最；无论是外服还是内服，我们保证在任何地点、任何时刻都能及时、准确地满足客户一切合理的要求。

全国政协委员、三胞集团有限公司董事长袁亚非：创新是高质量发展的主动力

要实现高质量发展，首先要顺势而为，深刻认识现在的大形势，结合国家政策和企业的实际情况，转变观念和思想，去进行转型发展；其次，要加快创新的步伐和力度，创新是高质量发展的主动力；再次，还是要扎根实业，实业永远是国民经济的基础和根基。

过去几年，三胞集团引进了国外领先的供应链，为顾客提供公平的价格、丰富的产品和独特的场景体验，让中国老百姓在家门口就能享受国外优质的产品和服务。

今后，三胞集团将继续围绕国家供给侧结构性改革，围绕新健康、新消费两大主业，抓好实业运营，积极转型升级，防范经营风险。具体来说，三胞"用未来定义未来"响应高质量发展理念，秉承"生产好东西，卖好东西"宗旨，满足百姓美好生活需求，将海外好的品牌、先进的技术和服务理念带进国内，促进企业自身的转型升级。

全国政协委员、月星集团董事局主席丁佐宏：产品高质量才能推动企业国际化

今天的民营企业虽然规模越来越大，但离高质量还有一段距离。现在很多企业都在说国际化，我认为，国际化首先是质量国际化，企业生产的产品必须是高质量的，企业要想把产品真正卖到全世界，不能依靠低廉的价格，而是依靠高质量的品质。

建议国家政策要更多地向高质量发展的企业倾斜，尽量压缩那些粗放发展的空间，倒逼企业走高质量之路，让企业既有自觉性，又有政策的强制性，"双管齐下"来推动民营企业高质量发展，这样的方式可能会更好。

面对市场的优胜劣汰，如果不改变，企业发展势必会步履维艰，会面临淘汰。这几年关停并转了一些落后产能，很多企业都活不下去了，但我觉得这样还不够，作为企业家，要以生产高品质的产品为荣，有责任带领企业走向高质量、走向高端。

为更深理解作为中国经济重要参与力量的企业家对高质量发展是怎么看怎么干的，本书作者特对 11 位企业家进行了深度访谈，请他们结合自身创业或所在企业发展实践畅谈高质量发展这一话题，希望有助读者对高质量发展这一话题有更具体、更生动的认识。

新企业家精神助推企业高质量发展

——访首届全国优秀企业家汪海

他自称是个资深鞋匠，在制鞋企业一干就是45年，是个崇尚专业主义精神的企业家；他推崇"市场企业家"，敢为人先，是商战中敢竞争、能打赢的"市场将军"；他重视文化管理，认为文化是企业的魂，提出了ABW管理理论和"实事求是，行善积德"的核心价值理念；他特别强调企业家要有一丝不苟的工匠精神，与时俱进，敢于担当。他就是首届全国优秀企业家、曾任双星集团总裁兼党委书记、现任双星名人集团总裁的汪海。

问：汪老师您好！您曾说自己"误入鞋途"，走了45年"鞋门鞋道"，那就先请您谈谈如何"与鞋解缘"吧。

答：我是山东人，1941年出生在微山湖畔的一个小村庄，18岁参军，参加过抗美援越，后转业，1974年开始到青岛橡胶九厂（现双星集团前身）工作，至今已经45年了。从国营老厂到双星集团，再到双星名人集团，我的主业都是围绕着鞋，也留下了不少有关鞋的故事。比如偷着下海卖鞋。1983年，由于人民生活水平提高，解放鞋不再受老百姓欢迎，相关部门也停止了继续采购解放鞋，造成销售困难，大量积压，工人工资都发不出来，在这种情况下，我受命任双星集团的前身橡胶九厂的党委书记。我说既然是我们能够做鞋，为什么我们就不能卖鞋呢，我就带领员工偷着到市场上卖鞋，打破了原有的统购包销机制，奔波一年，硬是把积压的 200 多万双解放鞋销售一空，暂时解决了困难，但我也认识到，作为领导人或企业家，应该懂市场，我后来还提出了一个观点，叫市场企业家，即不论市场发生怎样的变化，企业家都应该随着人民生活水平的提高，生产出人民需要的产品。后来我们根据市场需要生产了各种各样的鞋，并注重宣传营销，当然更看重消费者对我们的信任。我们曾有一批鞋出了问题，那时刚刚改革开放，我们买的台湾的原材料，由于不懂，叫人家骗了，材料上有问题，做了鞋以后，等我们发现出问题，鞋已经流入到市场了。怎么办？我们怎么换取消费者对我们的信任？我们就自己把自己的短处揭出去，主动召回问题鞋，召回了接近 30 万双鞋，虽说企业的经济利益受到了损失，但我们赢得了客户的信任。

　　我也一直是双星鞋的代言人。这个世界上，企业请形象代言人的，有找明星的，有找美女的，只有两家，是找老头。一家是美国的肯德基，一家是中国的双星。很多企业选择明星或明人来做企业的广告。我认为我本人就是一个明星，一个名人。我是企业的一个星，因为我是咱们中国的第一代企业家。我又是名人，双星是我领着我的员工打造出来的。所以我是最真、最实的形象代言人，我做代言人要比我请那些明星做代言人，我觉得更实事求是一些。我这个人喜欢反思维，我说我们不要花几百万，甚至更多的钱请那些明星，因为这些明星都是暂时的。他这次运动会当了明星，下次可能就没有了。这一次演唱会这个歌星大家很喜欢他，可能过两年这个歌星也就不存在了。大家看我戴着双星小红帽，穿着红色双星运动服，脚蹬一双双星运动鞋，是不是马上想到"穿着双星鞋，潇洒走世界"。

问：您曾说，您是中国改革开放第一代优秀企业家中唯一仍然活跃在市场经济改革浪潮中的"幸存者"。我们也知道，在您的带领下，一个濒临破产的国营老厂成了知名企业，这一路走来有太多的故事，处处体现了创新、诚信等企业家精神。那您认为什么是企业家精神？高质量发展时代需要什么样的企业家精神？

答："企业家"一词源于法文，原意有"冒险家"的意思。一般的企业经理并不能被称为企业家，只有那些有创新思想和创新业绩并具有"企业家精神特质"的企业领导者才能称得上是企业家。改革开放初期，正是因为激活了最初的企业家精神，让企业家有了释放才能、发挥创造力的空间，最终使他们变成了社会财富的创造者、创新活动的实践者。2017年9月，国家正式发布《关于营造企业家健康成长环境弘扬优秀企业家精神更好发挥企业家作用的意见》。党的十九大报告中也明确提出要"激发和保护企业家精神"。高质量发展时代需要弘扬什么样的企业家精神呢？今年是改革开放40周年，也是首届全国优秀企业家评选30周年。5月22日，我们双星名人集团与中国经济传媒协会在京共同举办了纪念中国改革开放40周年新时代企业家精神研讨会。在会上，我发表了题为《改革开放再出发，新时代需要新的企业家精神》的主旨演讲，我认为，企业家应有牢记使命、创造民族品牌的精神，不忘初心、为社会奉献的精神，敢于担当、弘扬正能量的精神，扎实认真、一丝不苟的工匠精神，勇于挑战、敢于争第一的精神，艰苦奋斗的创业精神，敢为天下先的开拓精神，永不满足、追求卓越的精神。而且，新时代企业家还要具有8个基本素质。其中，市场意识是第一要素；诚信是成功之本；创新是本能；科学决策是成功保障；精益求精是工作作风；企业文化和管理相结合是企业家的思想体现；创名牌是企业家的爱国情怀；尊重员工、和员工融合在一起是企业家把企业当成家的体现。我是这么说的，也一直是这么做的。

问：工业和信息化部部长苗圩 3 月 26 日在中国发展高层论坛上表示，制造业是国民经济的主体，是推动经济高质量发展的关键和重点。您认为，如何实现制造业高质发展？

答：我带领双星鞋服这个品牌从计划经济到市场经济已经 40 多年了，在制造业摸爬滚打也 40 多年了，我认为，实现制造业复兴，必须有三个队伍。

第一个队伍，必须有企业家。从改革开放初期到现在，我们国家的制造工业确实做大了，但是我们还没有做强，对我这位老企业家来讲，更是"心病"。我有一个观点，1988 年在第一届中国企业家表彰会上就讲过，整整讲了 40 年，我当时就提出：制造业是我们中国的脊梁，工业的代表，中国要从穷到富，要先培养人，技术人员、工匠都是其中，关键是企业家。可以说，制造业发展到现在，最大的贡献是人。为什么改革开放初期出现一大批乡镇企业，现在以江苏、浙江为代表的地区，35% 的乡镇企业进入了世界，这就是企业家带着技术人员和工匠干出来的。

不管我们提出"制造业复兴"的多少目标和观点，但关键在于谁来落实？谁来干这个事？企业家的精神需要衡量，需要肯定，企业家也必须有思想、有理论、有品牌的意识和创第一流的精神，有为中国人争气、为中国人争光这种志气。企业要有"魂"，就像军队需要"军魂"一样，企业的这个"魂"离不开企业家性格与气质。一个企业，只要有一位带有爱国、民族之情的企业家，有敢担当的精神，这个企业就有希望。

第二个队伍，必须有工匠。工匠精工细作、脚踏实地的精神和勤勤恳恳的工作作风，永远要提倡。在双星鞋服工厂，同样长度的布料，专业工匠做出的鞋子数量是普通工人远远不能达到的，每一个行业都有这样执着的一心一意、脚踏实地、一丝不苟的工匠队伍，所以说培养好这支工匠队伍，我们从"智造"到"质造"就大有希望。

第三个队伍，必须有科学家和工程技术人员。要想实现自动化，要想把我们的"弱"做强，要想2050年成为制造强国，企业家必须要培养一批科技人员，靠他们的智慧，靠他们的实践，从他们的智慧和实践当中，设计出在中国制造业各个行业中高档的、创新的、先进的设备，再加上我们企业家的精神和工匠的作风，相信制造业在2050年做强这个"梦"就能实现。

问：现在是"互联网+"时代，您认为，互联网、大数据、人工智能如何服务于制造业呢？

答：只要把我们的基础打好，把我们工匠高标准的大数据掌握了，智能才是高水平。我们现在大多引进了外国的先进设备，但做的质量不是最好的，这是全国各行业普遍存在的现象。质量是人做出来的，质量做好了，我们就不会到国外买马桶盖和电饭煲了，我们中国人有这个能力。所以，这就需要我们把基础打好，没有基础的大数据有什么用？没有质量高标准的工匠，互联网有什么用？比如，动车是中国的一张"名片"，但是在10年前要高价购买日本或者德国的清理设备，后来我提出：我们动车都做出来了，难道清洗还需要国外的设备吗？没用半年时间，我们当时双星机械的工匠和工程师造出了第一台清理设备，但是在北京展销的时候，"双星机械"展馆没有人进也没人看，三个月后在上海展销的时候，日本买了双星第一台清理设备。再比如，咱们穿的鞋，国外带个"勾"1000多，双星生产的带两个"勾"500没人要，这是国人普遍对国货的偏见。

所以，互联网也好，大数据也好，必须有生产制造的高标准，打好基础再稳步提高，才能发挥出互联网、大数据的作用。

太阳，升起在东方的全球纸业巨擘

——访山东太阳纸业股份有限公司党委书记、董事长兼总经理李洪信

1982 年，他带着全村父老乡亲的嘱托，把一个靠 3 万元贷款起家的作坊式村办造纸小厂，发展成为现拥有员工 1 万余人，资产总额 370 多亿元、年生产能力 700 多万吨的中国 500 强、世界造纸前 40 强的国家大型上市公司。他就是山东太阳纸业股份有限公司党委书记、董事长兼总经理李洪信。

将太阳纸业打造成可持续发展的、受人尊重的全球卓越企业。

——李洪信

问：董事长您好！据报道，太阳纸业 2017 年净利润为 20.2 亿元，同比增长 91.55%，好靓丽的成绩单！请您先结合自己的创业经历谈谈企业的发展。

答：太阳纸业的发展实际上是伴随着中国改革开放的历程发展起来的，没有改革开放，就没有太阳纸业的今天。当时就是一个村办的小厂，十几个农民工，靠着 3 万元贷款，经过 36 年的发展，到现在资产 370 多个亿，增长了 170 多万倍。那个时候，每年生产

500 吨纸，现在每年生产 700 万吨，增长了 1 万多倍。

在创业之初，企业只有 30 多个人，没有资金、没有设备，也不懂造纸技术。在这种情况下，我们用借来的 3 万元贷款，购买其他厂家淘汰的纸机部件，甚至在废铁堆里找零件，自己设计、自己焊接、自己拼装。不懂造纸技术，我们就背着煎饼、咸菜到最近的造纸厂去学习。那个时候，我一个人同时担任了三个角色：销售员、技术员和厂长。在一个月的时间里，往往是上旬 10 天出去跑市场，了解市场对产品的需求，中旬 10 天回来调整和改进技术，下旬 10 天用来开会、管理、收购原料、组织生产等。一开始我们就紧盯市场、紧盯客户，了解市场与客户需求，用现在的话说，就是从自身进行供给侧改革，生产贴近市场、符合客户需求的高质量产品。

在这个过程中，有几个因素非常重要。第一个就是信誉，当时企业规模非常小，银行几千元都不愿意贷给我们，靠着我们这几十年来的诚信积累，现在各大金融机构对我们都非常信任，全力支持公司发展。

再一个，我们较好地抓住了国家政策机遇。1985 年，我们就开始跟当时的一家国有企业青岛造纸厂搞技术联营，有了他们的技术，加上我们当地员工的勤奋努力，1990 年，我们超额完成了 1000 万产值的目标。当时大家认为这个 1000 万是个庞大的数字，不可能实现。之后，我们又开始利用外资成立了 5 家合资企业。通过合资，我们扩大了企业规模，同时也引进了国外先进的管理理念。

第三个，就是我们对人才的重视。那个时候，我们把一些退休的老工程师、老厂长请过来做我们的技术顾问、总工程师，这就解决了我们这个村办企业没有技术的难题，使我们企业的造纸技术很快就和大厂站到了同一条起跑线上。

经过36年的沉淀与积累，目前太阳纸业已经发展成为中国500强企业，世界造纸前40强。太阳纸业始终"不忘初心，坚守主业"，坚持做好自己的每一个产品，坚持为客户、为员工、为股东、为社会创造最大价值，为促进中国造纸行业的发展贡献力量。

链接：

太阳纸业的发展历程

太阳纸业的发展经历了四个阶段。

一、晨光初现的太阳：艰辛起步创业发展（1982—1992）

20世纪80年代，太阳纸业创立，老一辈太阳人在技术落后、装备低档的条件下蹒跚起步，艰苦创业，历经兖州县（现兖州市）城关公社造纸厂、兖州县（现兖州市）造纸厂、山东省兖州市造纸厂的三次变更，企业规模初具，蓄势待发。

创业之初，企业只有30余人，既无资金购买设备，也不懂造纸技术。就是在这种情况下，老一辈太阳人白手起家，从最初购买厂家淘汰的纸机部件、在废铁堆里找零件，到购买制造厂烘缸，自己设计、自己焊接、自己拼装。大家摸着石头过河，背着煎饼、咸菜到最近的泰安造纸厂学习造纸技术，然而大半年过去了，却一直生产不出纸来。李洪信带领着团队始终不放弃，不断学习技术工艺；寒冬腊月浆料易凝固，他穿着棉衣带头往浆池里跳，用身体搅动浆料。凭着不服输的拼劲，企业终于生产出了第一张纸。

李洪信先生诚恳、饥渴地寻找核心技术人才，最先加入企业的是原鱼台造纸厂的退休工程师王谦洛，在工程师的指导帮助下，企业生产出了真正意义上的包装纸。之后，相继引进原民丰造纸厂退休厂长李士刚和设备副厂长王良德，两位的到来，为太阳纸业的技术和管理提升奠定了坚实的基础。

1985 年，出于互惠互利，太阳纸业与当时的青岛造纸厂联营，学习先进技术，引进国企的管理模式。经过不断地抓技术、强管理，太阳纸业于 1992 年成功晋升为国家二级企业。

这个时期，老一辈太阳人出于朴实地寻求出路与发展的精神，摸着石头过河，用双手与汗水在一穷二白的基础上建立了太阳纸业的第一块基石，并通过联营合作的方式探索出了企业发展的雏形，此时的拼搏，是后来"双手改变命运"理念形成的思想原点。

二、冉冉而升的太阳：稳步提升规模扩张（1993—2005）

20 世纪 90 年代初，乘着改革开放的春风，太阳纸业迎来了宝贵的历史发展机遇。通过对国家政策的不断学习、对形势的不断研究，李洪信先生决定引进外资发展企业。引资团队李洪信、白懋林、陈昭军等历经波折与艰辛，经过努力，终于拉来了第一笔资金。此后两年多的时间里，太阳纸业分别与美国、加拿大等国成立了 4 家合资企业，解决了企业发展所需的资金问题，同时也提高了自身的技术和管理水平，打开了更为广阔的市场。

1993 年，合资企业太阳纸业有限公司成立，在总工程师李士刚、副总工程师王良德的技术指导下，太阳纸业作为国内首家利用国产设备生产的高档涂布白板纸，质量与进口设备生产的产品相媲美，深受市场欢迎。白板纸的诞生昭示着太阳纸业在技术、管理、品牌方面上升到一个新的档次。

在首任总工程师李士刚的举荐下，董事长李洪信先生三年诚邀、三封信力请，1999 年，造纸行家应广东先生正式加入，为太阳纸业翻开了崭新的篇章，产品档次提高至与国际接轨的高档水平。太阳纸业"新三顾茅庐"高薪聘请人才的故事在全行业不胫而走，引起轰动。

这段时期，太阳纸业充分利用自身的技术、资金、管理和规模优势，通过节省投资和对资源的高效利用，打出了一系列低成本扩张的"组合拳"，相继对多家企业进行资产重组、兼并、租赁收购、技术入股；与之同时，大力实施技术改造和新上项目，每年投入 10 多亿元，并多次打破国际同类纸机安装、试车速度新纪录；班组绩效考核等一系列管理提升动作也取得了一定的实效。

在此阶段，太阳纸业逐步确立了主导产业体系和业务板块，不断完善公司管理，企业取得长足发展，跻身中国造纸第一集团军，完成了从山东省兖州市造纸厂、山东太阳纸业集团有限公司到山东太阳纸业股份有限公司的变更，股份制改造正式完成，为上市做好了铺垫。

三、磅礴而起的太阳：上市拓疆高速成长（2006—2011）

2006 年 11 月 16 日，太阳纸业在深交所上市，成功登陆资本市场，拓宽了融资渠道，增强了企业抗风险能力，企业发展进入新阶段。

2000 年以前，美国国际纸业一直在中国寻求最好的白卡纸制造企业作为合作伙伴，由于太阳纸业白卡纸在中国市场一直处于领先水平，双方经过多年的了解、沟通、协商，于2006年达成合作。随着万国纸业太阳白卡纸有限公司投入运营，太阳纸业正式开启了国际化战略发展阶段。2008年6月，太阳纸业老挝有限公司成立，"走出去"的国际化战略正式实施。

2008年以来，面对国家宏观调控与金融危机，太阳纸业坚持成本优化战略，最大限度地减少各项费用，同时以低成本的固定投资，赢得优势，占领先机。12月份，太阳纸业看准形势，果断出击，在全行业纷纷压缩投资规模、取消订单的大势中逆市而上，订购了年产30万吨高档环保轻型纸生产线，节省了9亿元人民币，并创造了两项"世界第一"：当时全世界浆纸行业订购的唯一一台纸机；全球首次把钢带式压光机应用在文化纸机上。

研发创新方面，太阳纸业提出了"一个中心、两个加快"的战略思路，以科技创新为中心，加快原料结构调整和产品结构调整，加快实施"走出去"战略，建立老挝林浆纸一体化产业基地。这段时期，太阳纸业强化了科技创新的主导地位，并于2011年开始了产业升级的探索，加大了对新产品、新技术的研发力度，同年下半年成功开发出溶解浆系列产品，成为国内首家规模生产溶解浆的企业，其采用的连蒸连煮的工艺为世界首创；利用技术优势开发的低克重铜版纸，也成功打开了日本市场。

环保方面，2007年，太阳纸业建设的中水资源化工程完工，外排放废水出境水质COD达到30mg/L以下，远低于国家排放标准要求，可用于城市绿化用水和农业灌溉用水，可封闭循环使用，为全国首创。2008年初，太阳纸业新建的10万吨化机浆项目顺利投产，这个项目实现了林浆纸一体化向纵深发展，首次实现废水"零排放"，达到世界领先水平。

在此时期，太阳纸业倾力打造跨国造纸集团，引进多名中高层管理人才，参与全球产业竞争循环，产品结构也开始了向高档化、高附加值方向的探索与发展，综合实力跻身世界造纸百强，为企业转型腾飞奠定了深厚基础。

四、光耀东方的太阳：转型升级跨越腾飞（2012—至今）

2012年，中国经济从高速发展进入到转型升级期，太阳纸业迎来了更大的挑战和机遇。经过前期对产业升级的成功探索，太阳纸业在2012年提出并制定了企业"四三三"发展战略。在坚持造纸主业不变的基础上，开始进军生物质新材料和快速消费品领域，把生物质精炼、生活用纸"快消品"作为新的发展方向。这时期太阳纸业先后淘汰了多条落后生产线和附加值低的产品，不断开发高档次、高附加值、差异化和细分市场的产品，推出了轻型纸、天然纤维素、"幸福阳光无添加"等产品，市场反应极佳，其中"无添加"系列成为世界上首个不添加干强剂、湿强剂、柔软剂、荧光增白剂等化学品的生活用纸产品；2013年3月，企业成功从溶解浆水解液中提取出木糖产品，为世界首创，填补了世界空白。

2015年，35万吨天然纤维素项目顺利实施，太阳纸业成为国内最大、全球排名前三的溶解浆供应商；2016年太阳宏河纸业投产的50万吨低克重高强度牛皮箱纸板和50万吨高强瓦楞纸两种新产品问世，成功进入航空、精密仪器、医疗包装、电商物流、冷冻食品等包装新市场，太阳纸业在生物质新材料方面迈出了坚实的一步。

这一时期，太阳纸业以创新作为转型升级的驱动力，贯彻"改善就是创新""换个方向争第一"的发展理念，深入推进机制创新、管理创新和营销模式创新。确立管理模式创新和管理效能提升作为公司战略突围的重点工作，2012 年始开启了管理变革征程。这一时期太阳纸业持续推进两化融合，厂区网络系统、安防监控系统、企业 ERP 系统、生活用纸 EBR 系统等信息化工程逐步覆盖了公司运营的方方面面。

2015 年 10 月 9 日，在万国太阳多年亏损的情况下，美国国际纸业战略退出，太阳控股集团出于对万国太阳的感情和对 2000 多名员工的责任，决定把股权承接过来。太阳纸业利用本土化的优势、快速灵活的营销模式以及扁平化的管理机制，通过双方资源的有效整合，提高效率、降低成本、稳定质量，经过短短 3 个月的艰辛努力，实现了扭亏为盈。

截至 2015 年底，太阳纸业累计投入 40 多亿元用于环保治理，在产量提高近 10 倍、利税增加近 7 倍的情况下，主要污染物的排放量减少 90% 以上，水资源重复利用率达到 90% 以上的世界领先水平；完成了自备电厂的系列改造，大气污染物排放总量削减 70% 以上，达到了国家和山东省要求的排放标准；固废基本实现资源化再利用。

此阶段，太阳纸业稳居中国企业 500 强，并成功跻身世界造纸 50 强。

在全球经济一体化的背景下，太阳纸业既"请进来"，又"走出去"，现代化、国际化的管理要求越来越高，组织更新速度越来越快，此时具有国际视野的新一代管理者李娜、李鲁开始走上了领导岗位。如何传承太阳纸业的优秀文化、如何利用国际化思维来提升组织、如何构建一个可持续的优秀企业，成为摆在太阳纸业面前新的课题。

这一时期，企业家的管理思维最为丰富，董事长李洪信先生提出了将太阳纸业"打造成可持续发展、受人尊重的全球卓越企业"的远大目标，对于企业的社会责任、员工责任以及可持续发展的重视程度达到新的高度。

问：请谈谈您对企业发展的未来畅想。

答：未来的太阳纸业应该是一个高科技、智能化、绿色环保、可持续发展的企业。我们将持续推进新旧动能转换，进一步加快企业现代化、智能化、生态化建设步伐，促进企业高质高效发展，在这方面我们有一个系统的规划：一是深入实施智能制造工程，大力推进智能化工厂建设，用智能化、自动化代替人工，释放劳动生产力，降低员工劳动强度，力争通过1至2年的时间，实现地磅无人值守、上料自动化、分切智能化、产品出入库自动化，实现造纸全过程自动化、智能化。二是加强生态环境治理，推进绿色工厂建设。太阳纸业始终把环保作为工作中的重中之重。截至去年底，累计投入56亿元用于生态环境保护，污水处理标准达到世界领先水平，大气全部达到超低排放标准，固废基本实现资源化再利用。公司成为首批获得排污许可证的企业之一，排污许可证实物光荣入选国家"砥砺奋进的五年"大型成就展，白泥资源化利用项目，被列为中美绿色合作伙伴计划。目前太阳纸业各项环保指标都已达到或优于国家标准，但是在环保治理方面我们提出一个理念，达标不是目标，我们最终的目标是要在达标的基础上，努力减轻对环境的影响。下一步，我们将对厂区现有烟筒进行整合治理，减少 50% 排污点，力争在 1 至 2 年内，达到所有烟筒不冒白气，通过 3 至 5 年的时间，实现全部废水 100% 循环利用，减少地下水开采。为守护碧水蓝天、建设"美丽中国"贡献力量，践行习近平总书记提出的"绿水青山就是金山银山"的环保理念，努力把太阳纸业打造成一个科技化、智能化、现代化、绿色化、循环经济、可持续发展、受人尊重的全球卓越企业。

问：您认为，对企业来说，什么是高质量发展？

答：高质量发展一定要契合供给侧结构性改革，生产高性价比的、差异化的产品，能够与客户实现共同发展，只有你的客户发展了，你才能更好地发展。高质量发展不能靠忽悠，要脚踏实地去做，不仅仅是指产品的高质量，还包括服务、物流，以及对客户技术的指导，等等。只有把这些全部整合起来，才能走向一个持续、健康、快速发展的路子。

问：您的企业如何追求高质量发展？

答：习近平总书记告诫我们："凡是成功的企业，要攀到事业顶峰，都要靠心无旁骛攻主业。"我们将始终坚守造纸主业，坚守主业并不是一成不变，而是不断地去拓展和延伸，不断地与时俱进，在坚守主业的基础上，拉长产业链条，实现产业链上产品的多元化、差异化和价值最大化，提升企业的核心竞争力，最终实现高质量发展。具体来说我们将主要抓好以下几个方面：

一是以转型升级为主线，打造企业发展新引擎。2014 年习近平总书记提出，企业要加快转型升级，实现"腾笼换鸟、凤凰涅槃、浴火重生"。我们积极响应习近平总书记的号召，开始思考怎样在坚持主业不变的基础上，拉长产业链条，实现产业链上产品的多元化、差异化和价值最大化，促进企业腾笼换鸟、凤凰涅槃、浴火重生。通过思考和探索，我们制定了"四三三"发展战略，也就是在企业未来的利润构成中，造纸、生物质新材料和快消品分别占到40%、30%和30%，形成相互支撑、齐头并进的"四三三"产业新格局。目前公司转型升级已经取得了明显成效，特别是在产品差异化上取得了非常突出的成绩。新开发出的数码印刷纸、热升华转印纸、本白双胶纸、轻型纸、天然纤维素、云南白药防伪喷字的牙膏专用卡纸等一系列新产品，获得了市场一致好评。

二是以产品结构调整为抓手，实现企业高质高效发展。今年以来，公司以产品结构调整为总抓手，重点推进了两大差异化的项目。一是20万吨特种纸，项目总投资11.58亿元，可实现年销售收入13亿元。该项目已于今年3月6日一次性试车成功，项目产品是差异化的产品，可以生产克重较高的特种纸；二是80万吨高档箱板纸项目，项目总投资21亿元，去年7月份开工建设，预计今年7月份投产，项目投产后可新增销售收入29亿元，利润总额3亿元，这个项目产品不是普通的箱板纸，而是具备克重低强度高、防水透气、耐冻抗压等一些新功能，属于新材料的一种，可以完全替代进口。这些项目的建设，不仅是规模的扩张，而是质量更高、效益更优、更可持续，通过这些产品结构的调整，公司产品结构将更加优化，更具竞争力。

三是以"一带一路"为契机，加快原料基地建设步伐。原料依存度大一直是制约中国造纸业发展的难题，为解决原料供应问题，2008年公司就开始实施了"走出去"战略，在老挝建设10万公顷原料林，目前项目进展非常顺利。国家"一带一路"倡议提出以后，公司积极响应，去年初在老挝开工建设了 30 万吨化学浆项目，项目投资 20 亿元左右，采用全球最先进的生产设备，预计今年 5 月份建成投产，正式投产后，可实现年销售收入 1.65 亿美元，净利润 4000 万美元左右。项目的建设将为公司提供充足的纤维原料，成为公司新的经济增长点。未来我们计划在老挝打造一个集生态环保、低碳节能、科技创新、循环经济为一体的高新技术造纸工业园区。

四是以科技创新为驱动，增强企业核心竞争优势。习近平总书记在视察山东视察济宁时指出："企业是创新主体，掌握了一流技术，传统产业也可以变为朝阳产业。"我们始终牢记习近平总书记嘱托，把创新作为企业发展的第一动力，科研经费连续多年达到销售收入的 3% 以上，取得了显著效果。一方面不断加强自主研发和技术创新，用最新、最前沿的创新成果引领企业始终走在行业前列；另一方面重点加强供给侧领域的实用技术创新，使我们的产品能够更加贴近市场、更能满足客户需求，为客户创造更大价值。目前公司已经取得了 3 个世界第一的创新成果，一是全球首创溶解浆连续蒸煮技术，使溶解浆的产品质量更加稳定，效率更高；二是成功从水解液中提取出木糖、木糖醇，填补了世界空白；三是成功开发出世界上第一张不添加任何功能性化药的"无添加"系列生活用纸。"华夏太阳"品牌轻型纸，成功被选定为党的十九大会议文件专用纸；幸福阳光生活用纸，被"复兴号"高铁确定为专用纸巾；"金太阳"品牌美术纯质纸，被《习近平谈治国理政》《习近平的七年知青岁月》等书籍成功采用。

五是以人才发展为基石，让员工拥有更多获得感。人才是企业发展的第一资源，我们始终坚持以人为本的发展理念，坚持尊重人、信任人、支持人、发展人、成就人，努力发挥每一位员工的价值，为大家施展才华、实现抱负提供广阔舞台。我们为科研人员提供了鼓励创新、包容失败的宽松环境，让创新贡献与经济效益挂钩，对在创新上有突出贡献的人才，不仅让他们工作上有作为，名誉上受尊重，经济上得实惠，而且让他们有地位、有美名、有荣誉，对核心技术人才，实施"股权激励"，直接给他们股权，激发大家干事创业的积极性。同时，我们始终怀着一颗感恩的心回馈社会、回馈员工、回馈股东。去年我们为员工缴纳五险一金的额度达到了近 2 亿元，员工人均月工资达到 5333 元，累计为员工建造了8000 多套住房，基本实现了住有其屋。今年我们将继续改善员工工作环境、增加员工收入，确保 2020 年实现工资倍增计划，持续改善员工工作环境，对厂区所有卫生间、更衣室、休息室重新进行高标准的改造装修，让我们的员工不仅能够事业有成，而且工作舒适、生活体面!

六是以生态保护为助力，坚持绿色可持续发展战略。生态环保与企业发展是相辅相成、共生共赢的关系，不是相互对立的，环保倒逼企业高质量的发展，企业的发展又将推动环保高标准的治理，这是一条良性的循环发展之路。在企业发展中，我们始终坚持绿色发展，始终把生态环保作为一项"生命工程"来抓。截至去年底，累计投入 56 亿多元用于生态环境保护，污水处理标准达到世界领先水平，大气超低排放改造顺利完成，固废基本实现资源化再利用。公司成为首批获得排污许可证的企业之一，排污许可证实物光荣入选国家"砥砺奋进的五年"大型成就展，白泥资源化利用项目，被列为中美绿色合作伙伴计划。目前公司各项指标都已达到或优于国家标准，但是达标不是目标，我们最终的目标是要在达标的基础上，努力减轻对环境的影响，让山更绿、水更清、天更蓝、空气更清新！多年的环保治理，使我们深刻地认识到，严格的环保标准对一个守法、有责任、敢担当的企业来说是一种促进和推动。太阳纸业的发展也进一步证明了，环保促进了企业的发展，企业的发展又推动了环保高标准的治理，这是一条良性的循环发展之路。在环保治理方面要有大格局和长眼光，实现企业发展与社会、生态环境的和谐共处。

七是以文化建设为载体，增强企业发展凝聚力。一个优秀的企业，必然具有优秀的文化。太阳纸业把企业文化建设作为了一项重点工作，确定了"承载万家信任，书写幸福太阳"的企业发展使命、"打造可持续发展、受人尊重的全球卓越企业"的发展愿景、"崇信尚新，守正出奇"的企业精神、"信于心，创于行"的核心价值观，并形成了让每一个太阳人都信守的"太阳十二条"。印制发放了14000余册《太阳之信》文化手册，开展了全员企业文化培训。持续开展了活力营、"寻找太阳纸业新蔡伦"等一系列凝聚共识的活动。这些企业文化的确立，极大地促进了公司管理的全面提升，为企业发展凝聚了更加坚实的力量。

在创新中追求卓越

——访横华科技董事、副总经理陈显龙

陈显龙,男,1976年9月出生,硕士,教授级高工,现任北京恒华伟业科技股份有限公司(简称:恒华科技,股票代码:300365)董事、副总经理。

恒华科技位于中关村国家自主创新示范区西城园,创立于2000年11月,注册资本4亿元,属国家级重点高新技术企业、国家规划布局内重点软件企业。恒华科技是一家面向智能电网的信息化服务供应商,致力于运用云计算、大数据、移动互联网、人工智能、物联网等信息技术和理念,为智能电网提供全生命周期的一体化、专业化信息服务,已成长为中国能源互联网领军企业。

问:请谈谈您的创业经历和企业发展历程。

答:创业可描述为"用心去实现梦想的一个过程",创业的阶段随着梦想的层级迭代而不断强化,创业最好先有明确的目标,清楚自己的优势,了解如何组建团队,怎样达成目标,然后再开始自己创业的旅程。从我自身经历来看,我最初加入恒华科技的团队,是基于对公司原有核心团队成员从熟悉到彼此的认同,对公司所处行业发展趋势和公司发展目标清晰,形成高度一致的价值观,从而可以不计得失地在一起奋斗,最终形成凝聚力强、具有战斗力的团队。

从恒华科技的发展历程来看，可以分成以下四个阶段。

第一阶段：2000年至2005年属于公司创立的探索阶段，最重要的是在这个阶段明晰了公司的发展方向，坚守用电网资产全生命周期信息化的理念研发产品的初心。

第二阶段：2006年至2010年为公司构建核心技术体系的阶段，将电网资产信息化全生命周期的理念形成核心技术平台，研发了具有完全自主知识产权的资源管理平台、图形资源平台以及企业信息集成服务平台，三大核心技术平台为电网全生命周期信息化系列软件的二次开发和快速构建提供了坚实的平台基础，缩短了软件的开发周期并降低了开发成本，提高了公司解决方案的可复制性、灵活性和应变能力，形成了成熟的技术平台体系，促进了公司业务的快速增长。

第三阶段：2011年至2014年为公司加强内部规范运作并加大技术研发强度，实现公司逐步向基于云计算的服务平台转型的重要阶段。

第四阶段：2015年至今，基于恒华云服务平台，逐步实现向电力行业互联网信息服务商转型，在国家大力推进"互联网+"智慧能源的行动计划以及电力体制改革的背景下，公司积极布局能源互联网建设，为行业用户提供综合能源解决方案，逐步转型升级为一家能源互联网综合服务供应商。公司紧跟国家"一带一路"倡议，将公司的产品及服务拓展至海外市场。

问：请谈谈您对企业发展的未来畅想。

答：随着党的十八大报告首次提出"推进绿色发展、循环发展、低碳发展"和"建设美丽中国"，能源的高效利用成为中国经济可持续发展的关键因素，而能源互联网新技术的发展和电力体制改革的进程是解决这一问题的关键，因此，未来公司的发展也将紧密围绕着这一方向。

一方面，公司将持续推进全面能源互联网服务转型，致力于成为全球领先的能源互联网综合服务供应商。"十二五"以来，信息化上升为国家战略。2015 年的《政府工作报告》更是将"互联网 +"纳入国家行动计划，《能源发展"十三五"规划》也提出未来要努力构建"互联网 +"智慧能源。能源互联网作为工业互联网的重要组成部分和基础产业，国家发改委和能源局近年推出了一系列鼓励政策。未来，公司将积极把握这一行业发展趋势，加大研发力度，完善产品布局，继续推进全面能源互联网服务转型战略，为综合能源服务和能源互联网建设提供一体化解决方案。

另一方面，公司将深入服务于电力体制改革，做大做强配售电全产业链服务。自 2015 年新一轮电力体制改革正式启动以来，国家陆续出台了一系列指导规章和准则，市场化改革的方向更加明确。截至目前，电力体制改革的制度体系已经基本建立，电力体制改革多模式试点格局初步形成，输配电价改革实现了省级电网全覆盖，交易机构组建工作基本完成，配售电业务逐步放开。恒华科技作为较早布局配售电市场的专业供应商之一，从业务资质、人才积累到配售电专业的 SaaS 软件和服务体系建设方面，做了充分的储备，未来将重点拓展配售电市场，提供基于云计算、大数据的软件产品和增值服务，提高市场占有率。

问：您认为，对企业来说，什么是高质量发展？

答：党的十九大报告指出"我国经济已由高速增长阶段转向高质量发展阶段"，中央经济工作会议明确作出推动高质量发展的重大决策。所谓高质量发展，是以不断满足人民日益增长的美好生活需要为目标的创新发展、绿色发展、包容性发展，与高速增长阶段更多表现为"数量追赶""规模扩张"和"要素驱动"不同，高质量发展阶段的主要任务是"质量追赶"，主要途径是"结构优化"，主要动力是"创新驱动"。

高质量发展，已成为我国新时代经济发展的突出特点和基本追求，企业作为国民经济的细胞转向高质量发展成为必然要求。我认为企业的高质量发展与国家经济的高质量发展是一脉相承的，都是要追求发展的经济效益、可持续性、科技含量和对环境生态的影响。具体到企业的实际经营中，我认为主要表现在以下四个方面。

（一）满足客户需求的产品与服务

产品与服务是企业竞争的最终载体，满足客户需求的高品质产品与服务是企业的核心竞争力，也是实施高质量发展的关键。以客户和市场需求为向导，随需应变，用工匠精神来逐一打磨公司产品和服务。

（二）不断创新的商业模式

近年来，在"互联网＋"的推动下，各种创新的商业模式改变了很多传统行业的格局。通过商业模式的创新，可以实现更高的经营效率，激发有效的创意，改善客户体验，应用新技术，甚至创造出新的用户需求和市场，可以帮助企业构建起持续发展的核心能力，在激烈的商业竞争中建立起属于自己的核心竞争优势。

（三）完善的人才储备及引进机制

人才，是企业发展最核心的要素。企业的高质量发展需要建立核心管理团队和专业的研发团队，需要不断储备和引进人才，把握时代的新技术脉搏，通过人才引进战略，建立校企产学研合作机制，研发新产品和服务，形成市场差异竞争，从而获取较丰厚的利润，提升企业在行业内的竞争地位。

（四）强有力的品牌建设

品牌是企业发展的动力，能够增强企业的凝聚力、吸引力与辐射力，提高企业知名度并强化竞争力。当前，我国正处在推动高质量发展的"窗口期"，企业要高质量发展、要在激烈的市场竞争中持续发展，就必须加强品牌建设，进而促进企业将自己像商品一样包装后拿到国内甚至国际市场上"推销"。

问：您的企业如何追求高质量发展？

答：我们的企业要追求高质量的发展也要从上述四个方面着手。

在产品与服务面。公司自成立以来将研发和创新视为企业发展的原动力，始终把高品质的产品和服务作为首要目标，多年来研发投入占营业收入比例均在 10% 左右，并致力于新技术的研究与应用，将云计算、大数据、物联网、移动互联网深度融于公司产品和服务中，提升了公司产品的科技含量和竞争力，如：为了契合电网建设中应用 BIM 技术的发展趋势，多年前公司将 BIM 技术应用在业务体系的布局中，以基于 BIM 的三维设计为切入点，将 BIM 技术应用在电网资产建设和管理的全生命周期，最终实现电网信息化协同设计、电网工程基于 BIM 技术的数字化交付、基于 BIM 技术的工程建设过程管控以及资产运行维护的可视化管理。

在创新商业模式方面。公司深化"互联网 +"理念，构建了面向电力行业的云服务平台，并基于云平台开发了涵盖设计、基建管理、配售电运营管理的三大系列 SaaS 产品线，同时通过面向行业用户的互联网平台的构建，一方面链接线上软件产品与线下专业技术服务，另一方面汇聚产业链上下游供应商资源，从而建立了多方共赢的智慧能源行业互联网生态圈，并形成了"产品＋服务＋平台"的新模式。

在人才机制方面。公司编制了详细的人才培养计划与员工晋升发展渠道，建立了具有竞争力的薪酬体系、绩效奖金考核机制和股权激励机制。公司高度注重开展产学研合作，与清华大学、武汉大学、华北电力大学等国内高等院校开展交流学习活动，并在天津、上海设立人才孵化基地，为公司内外部的优秀人才提供创新创业发展平台。

在品牌建设方面。公司专注电力行业近二十年，凭借深度契合客户需求的产品设计、优质可靠的技术服务以及独特的商业模式，获得了客户的广泛认可，已经形成了行业内具有一定影响力的品牌优势。公司的产品服务于"电力天路"——青藏交直流联网工程、国家电网特高压建设等国家重大项目，北京奥运、北京 APEC 会议等大型活动保电工程，以及"煤改电""煤改气"的大数据工程，为国家重大工程建设、首都重大社会活动、大气环境治理等提供了稳定可靠的技术保障，同时，公司的产品也多次荣获省部级科技进步奖等荣誉，得到主管部门及行业客户的高度认可，这些都提升了公司的品牌认可度，使公司逐步成长为中国能源互联网领军企业。

改善人居环境 创建美好家园

——访北京千禧园林绿化有限公司创始人齐国明

北京千禧园林绿化有限公司（简称"千禧园林"）于 2009 年 11 月正式成立，是一家专业从事园林生态环境服务的综合性企业，拥有园艺、园林、物流、科技、电商、教育等六大核心业务，致力于打造园艺全产业链生态圈。公司结合互联网思维与合伙人的管理模式，用创新改变未来，将花卉园艺产业与互联网有效结合，开辟行业内领先的运营服务模式，是国内率先采用合伙人管理模式的企业之一。

问：齐总您好！请先谈谈您的创业经历和企业发展历程吧。

答：我是军人出身，2000 年参军入伍，正式开始了军旅生涯，后经过层层筛选进入中央警卫团服役，并于 2003 年光荣地加入中国共产党。我在部队期间曾多次荣立三等功并获得"优秀警卫战士"等荣誉称号。我认为，部队是一所大学校，更是一个大熔炉。部队生活成了我人生的转折点，感恩党！感谢部队对我的培养！

2005 年，我从部队退役转业，先后尝试在服装、餐饮、电商互联网行业中创业。一个偶然的机会接触到绿植租摆行业，而军人经历和军装的橄榄绿让我对园林绿化产业情有独钟，且我在部队期

168

间也曾多次接触绿植花卉工作，如对会议及园区的绿植栽培、修剪等，有一定的实践基础。于是，经过深思熟虑，我于 2009 年 11 月 23 日满怀激情地前往工商局注册了公司——北京千禧盛园花木有限公司。公司开始以花卉租摆为主营业务兼顾批发与零售，但随着竞争越来越激烈，加上绿植的进价易受气候条件的影响，如赶上南方雨雪冻灾，绿植的进价会激增，公司的绿植批发零售业务发展有很大的局限性，收入自然不高。后来，公司开始陆续承接一些绿植租摆项目，所谓"绿植租摆"就是以租赁的方式，通过摆放、养护、调换等过程来保证客户的生活环境里始终保持常青常新的一道变化风景线的一种经营服务模式。2011 年，我们建立了自己的花卉批发市场，实现了自用自销的运营模式，公司效益明显好转。在 2012 年"来京务工人员随迁子女艺术节"公益活动中，公司被授予"爱心公益奖"。2013 年，公司更名为北京千禧园林绿化有限公司，同年通过 ISO9001 国际标准质量管理体系认证。2014 年公司拥有花卉种植温室大棚 36000 平方米，实现生产经营一体化。2015 年公司实现集团化发展，主要从园林、园艺、科技、电商、物流、教育六大创新板块与新媒体营销相结合，创造了行业先锋，从而奠定了行业领军企业的基础。2016 年联合多家租摆企业并成立了行业联盟，达到资源共享，抱团发展，为行业健康有序发展作出了突出贡献。2017 年我被中国花卉协会盆栽植物分会任命为副秘书长，同年中国花卉协会盆栽植物分会租摆产业小组成立，大家一致推举我为小组组长。截至目前，我们已经服务了近百家政府机构和集团企业，如人民大会堂、毛主席纪念堂、国家文物局、奥体中心、中石化、鲁能、龙湖、SOHO 中国、腾讯、京东、阿里巴巴、奇虎 360、金山软件等。

同时，作为一名共产党员，我要牢记党恩，不忘初心，通过在公司实行推进合伙人模式，为员工提供发展平台，以合作共赢为目的，努力实现员工经济自由，打造一个绿色的利益共同体。

问：请谈谈您对企业发展的未来畅想？

答：我想谈以下几点。

首先要敢于创新，注重用户体验。创新是企业乃至行业的灵魂，对于创新发展，千禧园林向来重视。相比传统行业，互联网企业更需要创新；作为互联网企业的供应商，同样如此。为传统企业服务，设计风格基本是一成不变的，最多半年更换一次；但是对于互联网企业来说，最少一个季度变化一次，而且设计理念必须新颖，如与腾讯合作初期，发现我们传统的服务方式已无法满足互联网企业的创新服务要求，好在我们及时调整才扭转局面。互联网时代，体验为王。在使用产品过程中建立起来的感受会影响用户对产品或品牌的忠诚度以及喜好程度。现在的互联网企业"80后"员工居多，甚至"90后"也已成为中坚力量，在为他们服务之时，要特别注意年轻人追求新奇事物的心态。只有多用心才能让客户满意，才能为客户提供更好的体验。

其次，打造企业品牌，助力产业发展。目前，花卉租摆行业因没有统一的标准、准入门槛低、区域化特性强，一直未能形成健康有序的市场经营环境以及产品与服务资源的共享。租摆行业面临的最大难题是行业认知度低，大多数客户认为租摆只是一个低端、粗放型产业，不存在设计理念。其实在国外，园艺是一个非常受人尊敬的行业。虽然国内租摆公司多，但从业人员的水平参差不齐，很多都没有受过专业的培训，以致无法满足消费者的需求。2016年在合肥召开的花卉租摆联盟成立大会，千禧园林作为发起单位和主席单位，召集全国 100 多家企业到一起共谋发展。联合起来就是要实现资源共享，千禧园林也愿意将新模式、新产品与志同道合者分享，共同促进行业发展。对于企业而言，品牌就是竞争力和生命力，创造强势品牌是企业获得核心竞争优势的先决条件，也是决定企业能否在激烈的市场竞争中迅速崛起和强盛的关键。近两年，千禧园林正倾力打造企业品牌。目前，租摆行业众人皆知的大品牌很少，尤其是在北京，希望将千禧园林打造成行业内的一个标杆。除了提高从业人员素质，还从各个细节入手来提高品牌知名度。不以利润最大化为主，而是靠客户的长久性来实现利润收益。除合同要求的服务以外，还为优质客户免费提供增值服务，如为腾讯、奇虎360、京东等企业定期举办员工 DIY、插花培训或家庭阳台布置等活动，在节庆日还给客户提供鲜花服务。

第三，传播绿色环保理念。公司倡导"让孩子们从小有一颗'绿色的心'"的理念。近几年，随着花卉租摆行情走低，租摆植物品种与前几年相比有所减少，如以前常用的鱼尾葵、一叶兰等现在也不常见，千禧园林不忘初心，正试图通过各种方式，努力使原有的一些产品重回市场。家庭园艺市场是一个尚待挖掘的巨大潜在市场，但由于各种瓶颈，家庭市场没有得到开拓。千禧园林要排除万难，力争突破，为企业增值和行业发展作贡献。

第四，推进合伙人模式。2017 年我们制订了公司上市计划，为集团发展制定了长远目标。计划 2018 年完成股改，在北上广深等一线城市建立分支机构；2019 年让公司员工实现在衣食住行方面的经济自由，在一二线城市实现集团化管理；2020 年实现公司主板上市，员工财富自由，并成立慈善基金。同时，作为花卉行业领头人，我们一直致力于公益慈善事业，每年都会向中小学校无偿捐赠绿植。计划在 2020 年完成全国 50 所校园绿植捐赠行动，2025 年完成 200 所，2030 年完成 300 所。让祖国的花朵在花园里生活学习。

第五，结合 ERP 管理系统，实现"互联网+"融合发展模式。ERP 管理系统是现代企业管理的运行模式，它是一个在全公司范围内应用的、高度集成的系统，覆盖了客户、项目、库存和采购、供应、生产等管理工作，通过优化企业资源达到资源效益最大化。公司建立 ERP 管理系统后，不但客户可以通过互联网咨询，我们也可以为其预约园艺设计师并进行相关问题的解答，从而根据客户需求制定满意的方案；随后进行下单、配送、养护、管理等为客户提供便捷的一站式服务。我相信，未来五到十年，绿植租摆行业仍是可持续发展的，通过互联网平台可以了解更多行业资讯，达到互联网销售、推广及管理一体化，从而发展更大的客户产业链。

最后，推广园艺新产品。未来行业的发展不只是摆一盆绿植这么简单，更受家庭欢迎的是具有艺术气息、观赏性高的园艺新型产品，例如园艺造景、微景观、挂画式绿墙、摆花式绿墙、定制式绿墙等，特别值得推荐的是立式植物净化器——生态型空气净化器，它能够快速分解甲醛、苯、氨等有害气体，高效杀菌、除尘、除烟，快速尘降 PM2.5 等超微颗粒污染物，自然调节湿度，同时彻底解决了传统空气净化器的更换滤芯和二次污染问题，为人们提供清新、健康、绿色的生活工作环境。

我们公司将发挥自身的独特优势，依托各行业中坚力量，有效拓展公司的业务领域，培育核心盈利模式和盈利能力，发挥强强效应，逐步形成具有公司特色的 ERP 业务发展方向和模式，建立决策科学、运营规范、管理高效的公司组织，形成完善的员工培育和发展模式，促进员工向技术专业化方向发展，始终保持公司持续、稳定、健康发展，为成为绿植租摆行业内的领头羊不懈努力。

问：您认为，对企业来说，什么是高质量发展？

答：我认为，我们公司的高质量发展需要"敢于创新，有匠人精神，能稳定团队、留住人才"。当然，一千个人心中，有一千个"高质量发展"，但千言万语汇成一句话，高质量发展就是能很好满足员工日益增长的美好生活需要的发展。我们要培育和保护创新精神和精益求精的工匠精神，尊重知识、尊重人才，完善市场化的人才资源配置机制，完善科技创新激励机制，支持科研人员有序流动，持续增加各级各类教育培训和人力资本投入，加快培育实用性、创新型人才。

问：您的企业如何追求高质量发展？

答：首先，用心服务、自律经营，为用户创造美满生活。用心服务好客户是我们的天职，所以，服务，要从心开始，服务用嘴，远不如用心。客户是企业的衣食父母，一个满意的客户，可带来十个新客户；但一个不满意的客户，会影响一百个潜在的客户。服务是赢得客户的关键，没有客户的忠诚与满意，服务就没有价值。要赢得客户的微笑、尊重和信赖，就要用心服务客户，创造客户的最大价值。用心服务就能让客户在接受服务中体验到温馨，升起一股浓浓的暖意和由衷的感动。端正态度，视服务为契机，用心倾听客户的声音，用心研究客户的需求，用心超越客户的期望，树立良好用户心中的形象。只要用心服务，并从中抓住机遇，用好机遇，就能创造奇迹，使自己的人生更加充实，更富有价值。因此，我们要把服务看作不竭的动力源泉，把提升服务品质视为开发潜力的一部分，坚持不懈地用心做好服务中每个细节，一切从客户出发，一切为客户着想，实施全程优质服务，不断超越客户的需求，忠心地创造更高的价值。

其次，始终坚持以创新促发展，以质量求生存，以信誉赢客户，以管理创效益。千禧园林始终以"改善人居环境，创建美好家园"为己任。2017年花卉租摆产业小组成立，千禧园林担任第一届组长单位，并召开了第一届产业高峰论坛。2018年4月千禧园林联合全国多家单位共同发起设立"养花节"，呼吁全民培养爱花养花的意识，共同关注关爱生态环境。千禧园林将始终以"创新、生态、开放、共享"为发展理念，致力于打造新时代园艺全产业链生态圈；凝聚全体员工的智慧与努力，全面拓展多元化绿色产业，全力打造一流品牌，致力于打造绿色、环保、生态、健康的产品，努力共建绿色家园！

最后，我们要争取获得相关部门对绿植花卉租摆业的扶持，促进建立有利于租摆市场健康发展的规范管理体制。随着社会经济的不断发展，城市化水平的不断提高，人们越来越渴望回归自然，园艺植物也逐步成为工作生活中的必需品，体现了人们对美好绿色生活的向往，绿植花卉租摆行业也被称为"朝阳产业"，行业发展空间很大。但园艺植物是有生命的商品，不同于其他，客观上需要供求双方乃至整个社会共同担负起保护绿色生命的义务。目前，绿植花卉租摆行业发展20多年了，从业人员也由初期的几百人，发展到如今的几十万人。由于租摆行业门槛低，市场需求大、前景好，所以大家蜂拥而至，行业一直处于一种自发无标准的状态，如一些无专业团队的租摆户靠低价来接单，但是售后总是不尽人意，单位原本想靠植物美化环境，但结果是杂草一堆。因此，绿植花卉租摆行业需要相关部门的支持或扶持，如从租摆工作人员的外表形象、语言礼节到养护过程、养护技能、养护时间等制定系列标准，以衡量租摆公司的服务质量，形成良好的行业运行机制。

　　只有在一个规范的管理体制下，行业进行优化整合，形成良性循环，才能成为名副其实的"朝阳产业"，发展越来越红火。

做守护人民健康的云

——访医渡云技术有限公司董事长及创始人宫如璟

医渡云技术有限公司（简称医渡云），是业界领先的医疗人工智能技术公司，也是首个以数据智能驱动医疗创新解决方案的独角兽公司。医渡云以"数据智能，绿色医疗"为使命，以"改善人类与疾病的关系"为目标，利用数据人工智能，帮助政府、医院和整个产业界充分挖掘医疗大数据智能化政用和民用价值，构建可覆盖全国、统筹利用、统一接入的医疗行业大数据生态平台。

"不忘初心，砥砺前行"一直是我最喜欢用来形容自己和公司的 8 字箴言。

——宫如璟

问：请谈谈您的创业经历和企业发展历程。

答：我中学时代的经历对我的价值观塑造有很大的影响，让我领悟到帮助更多需要帮助的人，改变根本现状是一种重要的实现人生价值的方式。在英国读书期间，每年我有半年的时间在全球各地进行支教等 NGO 项目。我曾经花费很多时间去调查、理解需要帮助的人，但发现在那个阶段的自己往往解决不了"根本"的问题。比如到贫困地区支教，教会了当地学生知识，但原生家庭的问题不解决，这些小孩还是难以摆脱贫困；比如救助大海龟，海洋污染的问题不解决，把海龟放回去了，它照样会被感染。因此，我希望自己能获得更大的影响力，解决更深入的问题，从而帮助更多的人。

如何能获得更大的影响力？职业生涯初期，我选择了进入华尔街。我酷爱数学，并连续多年获得全英国数学冠军。早年我以5个A的优异成绩毕业于伦敦政治经济学院，获得学士学位，后来获得了长江商学院EMBA学位。我在瑞士信贷开始了自己的投行之旅，然后曾在德意志银行、全球基础设施基金等国内外顶尖金融机构担任股份投资部总经理、副总裁等职务。

投行生涯让金融成了我认知世界的工具，让我思考如何才能更有效地帮助更多需要帮助的人。酷爱思索和观察的我，在多年的非盈利组织以及投资领域的打拼经验中参悟到，未来5到10年，医疗信息化对全球的重要意义，尤其对中国来说，人口老龄化大潮的到来使未来医疗将面临更加严峻的挑战，亟需医疗信息化。2012年云计算已经在各个行业大规模出现，但中国的医疗数据质量还十分差，相应技术还特别落后。都说医疗这项事业是知识驱动的，但是没有可用的数据，各种人工智能就无法在医疗领域施展能力。医疗智能技术正在飞速发展，各种算法、各种AI以及全球大脑的组建方兴未艾，那么咱们中国也不能落后，这是机遇，更是挑战。这些是我看到的问题，也最终成了我决定创业的初心——改变人类与疾病的关系。

2013年，以"数据智能，绿色医疗"为使命，以"改善人类与疾病的关系"为目标，为政府及医疗机构提供基于医疗数据的人工智能解决方案的公司——医渡云成立了。

公司成立初期，自然步履维艰。数据智能需要相当长时间去积累知识、算法和应用经验，并非朝夕可成。我们凭着一股"以可用数据作为基础的新型医疗才是未来"的信念，先花了多年时间来做大数据的基础处理工作。8 亿资金的投入，500 位科学家的共同努力，公司自主研发的医疗数据智能平台（Date Process&Application Platform，简称 DPAP）及服务体系的成立，把"大量杂乱无章的数据"变成了"有智慧的大数据"。但是，仅仅将数据从不可用变为可用，只是医渡云使命的起点，如何在可用数据的基础上构建出相应的应用，同样是至关重要的一个环节。如今，在数据智能驱动下，其核心基础"医学数据智能平台"已经搭载了 300 多个应用模块，贯穿整个医疗过程。例如在临床辅助诊疗上，结构化数据按照不同的功能模块呈现，准确反映每个患者在其整个治疗周期中的病情进展，DPAP 通过对散落的数据整合，构建患者的时间轴模块，以诊疗事件时间为主线，完成疾病数据建模；目前，医渡云已经完成了对不少疾病的不同核心信息的整合和识别，构建出 25 个大病种、3000 多个疾病的模型，而这个数字还在不断扩大。

2015 年，DPAP 平台正式投入到顶级医疗机构应用，开启了大数据时代的临床科研管理及诊疗新生态。目前，我领导的医渡云已与中国 700 余家医疗机构、近 100 所顶级医院建立战略合作关系，为医院集成融合近 3 亿患者、13 多亿人次的医学数据，建立了当今全球数据处理量最大、数据完整度最高的医学数据平台。平台现已获得几十项软件著作权、100 余项国家发明专利。2018 年上半年，中山大学附属肿瘤医院携手医渡云在著名医学期刊《柳叶刀·肿瘤学》成功发布鼻咽癌研究成果——中山大学肿瘤防治中心马骏教授团队投稿的文章《Development and validation of a gene expression-based signature to predict distant metastasis in locoregionally advanced nasopharyngeal carcinoma：a retrospective，multicentre，cohort study》。医渡云通过建立专病库将所有数据集成在一起，助力医学科研的进度，提升了研究效率，帮助顶级科学家登顶顶级科研中心。

在为我们出色的平台感到骄傲的同时，我们逐渐意识到区域化、深层次、多中心的数据生态的重要性。2017 年 6 月，医渡云与重庆医科大学联合共建了重庆医科大学医渡云医学数据研究院，成为国家首个医学数据二级学院。医渡云也与南京医科大学签约，作为合作伙伴承建江苏省转化研究院国家级新药创制项目的信息平台，致力于"让药品的研发必须朝品质更好、更安全、更便宜发展"。同时，医渡云即将与清华大学自动化系合作建立智慧医疗自主系统联合研究中心，针对医保领域的应用从理论和方法上进一步深入创新，未来面向医保的应用不论是核心技术还是系统架构设计都会不停向上升级。目前，医渡云与人民网—人民健康在医疗大数据领域推动医疗创新产业发展，共同搭建人民健康云平台，在医疗数据质量评价体系研究与评价标准制定等方面开展广泛合作，在医疗健康服务创新领域开展积极探索，助力"健康中国"战略实施和"国家大数据战略"落地。这不仅牵涉到 14 亿人的健康，如果发展得顺利，还可以为全人类作出贡献。

随着业务快速增长，团队人数在过去几年都是翻倍地增长，到今年底预计会达到 800 余人，其中研发团队占比高达 60% 以上，大部分都是来自全球的知名互联网公司和顶尖实验室。还有 20% 的团队是完全专注在医学领域，因此公司有高达 80% 以上的人力资源都是在做医疗领域研发。有一些顶级人才，因为感动于我们的初心，拒绝其他公司的高薪加入医渡云。

问：请谈谈您对企业发展的未来畅想。

答：医渡云作为医疗数据智能科学领域的开拓者，他的 DNA 有着我不忘初心、砥砺前行的坚持，他的 DNA 有着我们所有团队自然、善良的魅力。医渡云现在正在做的，就是帮助医疗产业和外部产业融合，助力构建医学智能服务创新体系，实现数据智能绿色医疗的行业新生态。

我相信医渡云，更相信我自己可以带领他继续茁壮成长，推动全中国乃至全球数据驱动的绿色医疗的发展。我们将继续秉承绿色医疗的初心，持续利用大数据和人工智能技术，帮助政府、医院和整个产业界充分挖掘大数据智能化政用和民用价值，践行健康中国战略，助力完善国民健康政策，切实有效地提升百姓的医疗健康水平。

问：您认为，对企业来说，什么是高质量发展？

答：任何一个行业的重大变革都依赖于核心技术的突破性创新，没有核心技术光靠商业模式创新走不远，医疗这个行业离不开数据化、智能化、科学化。

医疗行业有其特殊的行业属性，既要在技术层面保持与全球科学研究的同步，也要在落地层面充分考虑中国医疗行业的国情现状。

要想实现"精准医学"，需要医生从基于规则的医学决策走向基于可靠诊断和预后模型的个性化决策转变，而一个真正大型的生物医学信息处理和分析平台，将在很大程度上加速这种转变，只有拥有庞大规模和尖端临床数据平台才能支持这项合作。这将给我们带来成功运用中国庞大临床数据资源的最好机会，而这种大数据加医疗的合作能够激发出更创新的科学发现。

医渡云通过数据智能技术，为中国医院的临床科研、医院精益管理和临床医疗服务带来了显著的效率和质量的变化，促进了整个行业对医疗数据应用模式的认知改变，推动了医疗行业的数据开放和共享机制的进步。医渡云将争做医疗数据行业的创新者、引领者，从而驱动医疗的未来。

问：您的企业如何追求高质量发展？

答：答案是简单和真实的。我曾说过，"如果有真正绿色医疗的初心，你就比别人更能坚持。""第一家是最难的，花了 1 年 2 个月才上线，前 15 家几乎没有网络效应，产能上不去，很痛苦。"但是我们坚持下来了，正因为我们不忘初心的坚持，医渡云的数据安全技术、数据合规保障机制才一步步被医院所感知。就这样，医渡云的应用产品一步一步地吸引了许多专家、医院，磁吸效应逐渐产生。

医渡云此前入选人民创投、人民网舆情数据中心联合发布的《中国大数据独角兽企业 TOP 20 榜》，这凝聚了不光是领导者，还有团队里所有队友的辛勤付出。我们将继续秉承绿色医疗的初心，持续利用大数据和人工智能技术，帮助政府、医院和整个产业界充分挖掘大数据智能化政用和民用价值，践行健康中国战略，助力完善国民健康政策，切实有效地提升百姓的医疗健康水平。

战略把控上，涵盖点、线、面，全方位、多维度地有效整合，即把数据、算法和产品有机结合，构成智能商业的三个有效基石，形成用户体验时智能化提升的反馈闭环。

医疗大数据基础性研究上，利用人工智能技术促进量变到质变。在医疗人工智能技术领域，基于不同用户需求打造智能一体化解决方案的医渡云已是名声在外，发展迅猛。

医渡云有着和行业其他企业不一样的创新战略，即实现区域化、深层次、多中心的智能医疗大数据平台生态，从而助力产业创新。

综合来看，在保持医渡云的核心技术在国际科学研究领域领先性的基础上，使医渡云的数据"活"起来，比如医渡云自主研发的"医学数据智能平台"，此平台对大规模多源异构医疗数据进行集成和融合，形成患者全生命周期医学数据，并通过数据的深度处理和分析，建立真实世界疾病领域模型，从而助力医学研究、医学管理、政府公共决策，创新新药研发，帮助患者实现智能化疾病管理，多维度引领大健康及人工智能产业创新，实现了数据智能绿色医疗的新生态，极大提升中国医疗科学研究的效率和质量，改善患者的诊疗效果和生存质量，帮助中国这个有着全球最大的人口但人均医疗资源非常不足的国家提升社会健康福利。

加快转型升级 聚焦高质量发展

——访锦宸集团董事长、总经理李焕军

锦宸集团前身是创立于 1979 年的"江苏省泰县（现泰州姜堰区）建筑民兵团"。1981 年，由于国家体制的不断完善，法治建设不断跟进，"建筑民兵团"组织不符合法律所约定的法人资格，当时泰县人民政府根据省政府相关文件指示精神，撤销"江苏省泰县建筑民兵团"，批准建立"泰县第二建筑安装工程公司"（以下简称"泰县二建"），资质为国家二级，企业性质为县属大集体，将原有下江南、赴东北的 28 个公社建筑队统一由"泰县二建"管理，自此每年均有数万名农村剩余劳动力参与到建筑行业，既增加了当时的各级财政收入，也惠及了农民本人。1994 年，原泰县，经国家民政部批准，撤县改市，企业由"泰县第二建筑安装工程公司"改名为"姜堰市第二建筑安装工程公司"。2003 年初，企业根据姜堰市人民政府姜改办〔2003〕06 号文件精神改制重组，至此"姜堰市二建建设集团有限公司"诞生。2005 年 1 月 28 日经国家工商总局核准企业改名为"锦宸集团有限公司"，性质为民营企业，2017 年成功晋升特级资质。目前，企业注册资本为 3.06 亿元，具有建筑工程施工总承包特级资质，建筑行业甲级设计资质，市政公用工程施工总承包一级资质，建筑装饰装修、机电设备安装工程专业承包一级资质，公路工程总承包二级资质，钢结构、桥梁工程、消防设施、环保工程、起重设备安装、地基基础工程专业承包二级，铁路工程

施工总承包三级，军工涉密咨询服务、特种设备安装改造维修等资质。公司通过 ISO9001 质量管理体系、ISO14001 环境管理体系、GB/T28001 职业健康安全管理体系认证，跻身中国建筑企业 500 强、全国民营企业 500 强、全国建筑业 AAA 级信用企业、国家级守合同重信用企业行列，系江苏省建筑业"百强企业"、江苏省建筑业施工技术工作先进单位、江苏省建筑业安全生产先进单位，并被江苏省人民政府命名为"江苏省 AAA 级重合同、守信用企业"，"锦宸集团"商标被认定为江苏省著名商标、江苏省服务名牌。

回顾近 40 年的发展历程，锦宸集团始终坚持创新发展理念，始终先人一步。如今，在国家经济增速放缓、房地产市场低迷、建筑市场僧多粥少的新常态下，企业通过转变生产方式、调整产业结构、转换经营模式、制定人才战略规划等途径，积极转型升级，已初步形成规模与结构、速度、质量、效益协调发展的新格局。2017年，锦宸集团把创新发展、高质量发展作为换个姿势领跑的灵魂，在新的变革期，无论从顶层设计还是到基层实践，都跑出了前所未有的加速度。

一、转变生产方式，坚定不移走建筑工业化发展道路

建筑业是传统劳动密集型产业，低廉劳动力的红利时期已经结束，但行业对建筑工人的需求有增无减，出现后继乏人的态势；再加上建筑业依然存在着效率低下、发展质量不高的问题，迫切地需要转变发展方式。"建筑产业化"这种新型的生产方式，具有大幅缩短工程周期、保证工程质量、降低用工需求、节能降耗、保护环境等显著优势，高度契合建筑企业转型的需要。锦宸集团高瞻远瞩，抢抓行业发展机遇，积极转变传统的生产方式，加快建筑工业

化项目建设步伐，走节能减排、绿色建筑发展之路。

一是与国家住宅产业化基地——黑龙江宇辉集团合作，投资2.3亿元建立了上海宇辉建筑产业化基地，占地75亩，生产厂房2万平方米，设计产能10万立方米，主要生产销售装配式建筑PC板，进行住宅产业化技术及相关产品的研发。宝山厂区于2015年6月正式投产，率先打开企业工业化发展局面，并以过硬的品质，赢得了保利、万科、招商地产、华润、华纺、新城地产、阳光城等在内的房地产开发龙头企业的认可，市场捷报频传，产品供不应求。

二是积极响应市、区政府号召，致力回乡发展。泰州市政府先后发布多个推进地区建筑工业化发展的文件，从战略、规划、目标到项目支持、落实、考核，无不体现了我市政府发展装配式建筑的坚定决心和有力措施，企业以此为契机，投资的江苏宇辉住宅产业化基地项目，落户姜堰经济开发区，注册资金为1亿元人民币，已于2017年5月份正式投产，成功获批泰州市首个"江苏省装配式建筑部品构件生产示范基地"，获得江苏省省级建筑产业现代化专项资金补助，成为泰州市委全会重点观摩的项目，并在经营开拓上取得重大突破，为碧桂园临港项目、泰州市第二人民医院开发区项目、泰州市周山河初中项目、京泰路南延管廊工程提供部品构件。

三是抢抓战略机遇，在泰兴建立第三个基地。锦宸集团坚信要想站稳市场就必须站在制高点，在政府支持、相关行业部门引导下，企业与泰兴市人民政府签订协议，规划总投资5亿元，在泰兴设立建筑工业化基地，该基地设计产能为20万立方米/年，项目总占地237亩，于2017年9月份开工建设，计划2018年底建成投产。

四是将触角伸向建筑产业链上游。企业还与中国航天科工集团合作，成立江苏航天海锦科工股份有限公司，探索在装配式建筑前端业务新平台上进行建筑工业化装备与智能化研发生产、新材料及相关软件的研发、灌浆研发、3D 打印等业务，装配式建筑发展大有可为，也必将带动企业施工总量的快速增长。

五是抓好锦宸设计院建设。2017 年锦宸设计院入选江苏省建筑产业化设计单位名录，我们将进一步做实锦宸设计院，加快上海、南京、苏州分院建设，以甲级设计院为平台，更新完善装配式技术体系，从源头上优化设计、改进生产工艺、提高产品质量、降低运营成本、加速科技成果转化，为业主提供成套装配式建筑解决办法，以打造一批装配式结构精品示范工程，向社会全面细致地展现预制装配式建筑的优势。

下一步，集团公司将加快建筑工业发展进程，以"标准化设计、工厂化生产、信息化管理、装配化施工、一体化装修，智能化管理"为目标，打通产业链各个环节，实现设计、制造、装配、施工一体化。

二、促进多元发展，提高企业运行质态

为了有效降低未知的经营风险，集团公司高举"转型升级"大旗，弘扬主旋律，打好主动仗，在不断扩张规模的同时，遵循"一业为主、多元经营，科学决策、稳健发展"的经营方针，在千方百计保增长的同时，调整产业结构和经营策略，纵向拓展、横向拉伸了产业链，跳出建筑做建筑，经过逐步调整，目前市场分布广泛，投资领域多元，已从单纯的建筑管理型企业，发展成为经营范围涉及建筑施工、建筑工业化、房地产开发、金融、商业零售、教育、仓储、工业制造等众多行业的大型民营企业集团，市场遍布黑龙江、吉林、山东、湖北、广东、福建、陕西、云南、新疆、上海、

江苏、北京、内蒙古、重庆等 14 个省、市、自治区以及乍得、尼日尔等海外市场，拥有 17 家分公司，2017 年，集团公司全年完成建筑施工产值 63 亿元，多种经营产值 10 多亿元。其中，企业金融板块以汇鑫小额信贷公司为依托，服务小农经济，同时参股姜堰农商行，为企业发展拓宽了融资渠道；教育板块投资近 1.5 亿元创办了省三星级高中、省示范初中——民兴中学，在校师生近 7000 人；商贸板块由集团公司全资打造的锦宸百货，年销售超亿元；工业制造相应投资了江苏锦宸节能门窗有限公司以及三个 PC 构件生产企业；企业同时还参股泰州海泰油品装卸有限公司，与合作伙伴联手打造的仓储与物流中心，目前拥有 5 万吨级码头（依江而建），21 万方石化仓储罐区（依岸而建）。

在房地产开发上，企业紧密关注国家相关政策，调整房地产开发类型，从纯粹商业地产向保障房、棚户区改造、文化产业地产方向拓展，审慎对待新的开发项目，坚持紧控增量、盘活存量的原则，把握市场节奏，有序推进新项目的开工，近年来企业先后开发 20 多个项目，300 多万平方米。目前正在开发的项目有哈尔滨南郡豪庭棚户区改造项目、哈师大文化艺术产业园、泰州花园半岛、北京朝阳区保障房等项目，这些类型的项目都是企业地产转型的成功典范。稳健投资有效带动了建筑主业的发展，提高了经济效益，增强了企业抵抗风险的能力。一业为主、多元发展的战略，让锦宸智慧、锦宸方案赢得了更多掌声。

三、转变承包方式，内外齐抓调整经营和业务结构

一是企业主动变革项目实施方式，经营方式换代升级。在晋升特级资质后，公司成为集施工总承包和设计研发为一体的综合性建

筑企业，站在新的起点上，公司引进高水平人才，借助 BIM、ERP 等管理软件，全面提升企业管理水平和科技实力，打造智慧锦宸，并抢抓"一带一路"建设以及京津冀协同发展、长江经济带、粤港澳大湾区等国家发展战略机遇，加大对国内 PPP 和 EPC 等项目开拓力度，做大企业规模总量；加强对非洲市场、中亚市场、俄罗斯市场的开辟强度，拓宽市场广度。目前集团公司通过 EPC、PPP 等模式积极稳妥地参与政府安置房、标准厂房、城市基础设施等项目的建设与营运，实现经营方式和承包模式的换代升级。近年来，公司已成功实施了 23 万平方米的泰州森园路安置小区、海外阳光国际乍得道路建设项目、中石油尼日尔基地项目以及乍得末站营地等 EPC 总承包项目，以及建筑面积 16 万平方米、总造价 4.9 亿元的泰州药城五期标准厂房 PPP 项目。2017 年，另有一批好项目纷纷落地，如总投资 18.8 亿元的泰州市体育公园、39.8 亿元的华东数据湖产业园以及周山河学校、人民医院开发区分院等项目，开启了企业 EPC、PPP 项目的新征程。

二是大力推行扁平化设计，管理模式变革创新。企业经过多年的探索和实践，"集团—分公司—项目部自主经营"的承包经营模式，确实调动了大部分市场负责人的积极性，但随着外部竞争环境的变化以及内部经营市场的扩大，管理模式实行扁平化管理（总公司—项目部）的变革势在必行，为了加强风险管理，提高经济效益，充分调动项目管理团队的积极性，企业重点向"项目股份制"的"模拟法人"治理结构转变，所有项目按照"共投、共管、共担、共赢"的原则，股份合作、风险抵押，由负责人代表团队，签订管理目标责任书，以项目为载体，管理人员参股，完善承包抵押、保证措施，严格执行"四统一、四分离"（统一经营管理，经营与项目管理分离；统一人员管理，招聘与使用分离；统一采购管理，采购与使用分离；统一财务管理，收入与支出分离）的规定，强化监督考核、达到"项目股份化、管理标准化、风险最小化、效益最大化"的要求。

三是着重调整工程业务结构，降低利润较低的房建施工比例。充分利用现有专业承包资质，向市政、道路、钢结构、消防、设备安装、装饰装潢等高附加值、高效益的领域拓展，逐步提升在高端建筑市场的专业施工能力。

四、打造"智慧锦宸"，以信息化推进企业精细化管理

信息技术在建筑行业广泛应用，可以豪不夸张地说没有信息化就没有企业管理的现代化、精细化。"BIM 互联网，打造智慧锦宸"是公司信息化发展的战略目标，是实现规范化、标准化、精细化管理的重要支撑，智慧锦宸的发展，不仅需要大家撸起袖子加油干的务实作风、精益求精的工匠精神，更需要互联网的理念和方式。

一是更新思维、接受新事物。探索、建立"智慧化工地"，其能涵盖劳务实名制系统、视频安防系统、材料统计系统、环境监测系统等。通过信息化管理手段，提升项目精细化管理水平，在施工质量、安全、进度和成本等方面发挥积极作用。

二是推进 BIM 技术在项目中的应用。BIM 能使工程量更准确、更透明，通过设计过程中的协调综合，降低图纸"错、漏、碰、缺"的概率，大大减少施工过程中的设计变更。公司已创建的 BIM 工作站，对内要服务各分公司、项目部，对外要承接相应业务，今年首先在泰州京泰路管廊项目进行应用，建立起项目施工阶段 BIM 实施体系和准则，为 BIM 项目管理提供技术支持，能够做到项目结

束时，向业主提交真实准确的竣工 BIM 模型、BIM 应用资料和设备信息等，确保业主在运营阶段具备充足的信息。

三是以业务流程改革为核心。搭建工程主材直供平台，推广项目管理系统和财务集成系统的应用，依托新中大管理软件，完善项目立项、招投标、合同签订、物资采购、财务核算、治安管理等流程，规范经营，强化监督，降低成本、提高效益，全面实现企业管理的"四统一"（即统一人员、统一经营、统一财务、统一采购），逐步向"集团直管项目"的扁平化管理方向发展。

五、打造锦宸复合型人才队伍，推动发展迈上新台阶

人才是推进企业发展的第一资源和强劲动力。企业将坚定不移地实施人才强企战略，把"带一流队伍，建一流企业"作为使命，加大人才资源的开发，关心员工的物质和精神需求，培养员工对企业文化和价值观的认同感，旨在人才"引得进，用得好，留得住"。

主要措施：一是加大人才引进力度，招收应、往届重点本科以上人才，搭建契合企业发展需求的人才梯队，尤其是做好项目经理、工程师、PPP、EPC 关键人才的储备工作。二是激发员工潜能，发挥员工的主观能动性，不断完善"培训、考核、使用、待遇"为一体的四结合运行机制，实行收入与指标挂钩等多种激励手段，最大限度地激发员工的工作热情和干劲。三是强化培训管理，提高员工素质，按照"德为先，重能力，看业绩"的九字用人方针，将有能力、敢担当的年轻人，选拔到重要岗位上进行培养锻炼，我们还要以装配式基地为载体，培养具有装配式施工经验的一线技术工人。四是用事业留人、用待遇留人、用感情留人，搭建干事创业的舞台，优化成长发展的环境，完善培育和用人机制。五是通过企业

现代化管理制度和锦宸特色文化，提升员工的凝聚力、执行力，聚众人之力，推动企业发展。

新时代呼唤新作为。党的十九大报告提出，中国经济已由高速增长阶段转向高质量发展阶段，可以说，未来以"质量第一"为价值导向，将成为建筑业深化改革的关键。2018 年是全面贯彻落实党的十九大精神的开局之年，是改革开放 40 周年，也是企业进一步深化改革、融聚力量、实现高质量发展的关键之年。集团公司将继续以党的十九大精神为指引，高举习近平新时代中国特色社会主义思想伟大旗帜，认真贯彻中央经济工作会议和省市建筑业工作会议精神，始终坚持新发展理念，围绕"调结构、拓市场、强管理、控风险"这一主线，以"统一经营管理，统一人员管理，统一财务管理，统一采购管理"为抓手，大力实施"股份化、标准化、效益化、资本化"，继续实施"项目立企，改革兴企，人才强企，从严治企"四大战略，弘扬工匠精神，不忘初心，牢记使命，勇于担当，创造更深层次的企业价值和品牌效应，推进企业从"创品牌""建品牌""树品牌"向"用品牌"过渡。高质量开创锦宸新时代新辉煌。

以质为本 智领未来

——访智慧星光创始人李青龙

北京智慧星光信息技术有限公司（简称智慧星光）是全球领先的文本大数据服务商，致力于成为全球一流的大数据价值挖掘和精准化信息服务平台。公司成立于 2012 年 2 月，总部位于北京中关村高科技产业核心区。

智慧星光拥有大规模中文文本数据中心，总数据量超过 900 亿条，日新增数据量 1.8 亿条，当前使用客户超过 20000 家，是国内最大的舆情服务商和领先的非结构化大数据服务应用型企业。

智慧星光是国内首家把云计算、大数据技术、人工智能、SaaS 模式运用到互联网信息服务、文本大数据、舆情服务领域的大数据公司。它形成了集标准化应用产品、数据服务、大数据报告、行业应用解决方案于一身的多维业务体系，逐步建立文本大数据生态圈，实现信息有效对称和数据价值最大化。

一、智慧星光的起步

从默默无闻到脱颖而出，这条路到底有多艰难，也许只有创业者最有体会。随着大数据行业的兴起，一批优秀企业脱颖而出，成为领军企业，北京智慧星光信息技术有限公司就是这样一家在大数据文本分析领域领先的佼佼者。自 2012 年创立以来，智慧星光以敏锐的眼光，迅速发现互联网和现实社会中存在着的信息不对称问题，并以舆情分析技术为市场切入点，帮助客户实现信息的有效对称，在大数据市场中打下自己的一片天下。

1000 亿条总数据量，1.5 亿条日增新去重数据，20000 家客户的选择，520 多人的技术和服务团队……短短的 6 年，智慧星光已成长为国内最大的舆情服务商和全球领先的互联网信息及大数据服务应用型企业。而坚守质量，正是智慧星光能够迅速发展，在行业里脱颖而出的根本。在董事长李青龙看来，从创业至今，只有坚持不懈地走"以质取胜"的道路，才能引领企业不断走向成功。

虽然智慧星光在今日已成为较为成功的公司，但是作为一名创业者，李青龙对于创业时的艰辛还是印象深刻的。公司刚起步时，客户对舆情缺乏基本的了解，市场开拓十分艰难。面对如此局面，李青龙带领着销售冲在客服的第一线，不放弃争取每一个客户的机会。通过自主研发的舆情分析软件，获得客户有关的信息，定期用手机短信发送给客户。这样坚持两三个月后，有的客户终于有了回复，这些客户逐渐了解舆情工作的重要性。有的甚至坚持长达六七个月，智慧星光用真诚和优质的服务，获得了客户的信任。从创业至今，智慧星光始终坚持两点：一是对客户服务的极致，而另一个就是对产品质量的严格。对客户服务的极致是与对产品的苛刻相伴的。由于初创时技术力量、服务器等条件的限制，面对海量的数据，常常出现漏采、重复等问题。对此，李青龙对产品从一开始就提出了极为苛刻的要求，要求研发人员始终精益求精，坚持高质。并且李青龙本人也亲自参与到了产品的架构设计、流程制定等环节中。正是由于这种对于产品质量的坚持，使得智慧星光在服务客户时有足够的自信和底气，赢得大量客户的认可和信赖。

二、大数据产业发展趋势

李青龙认为，大数据产业的发展可以分为三个阶段：市场培育期、快速发展期和市场成熟期，目前国内大数据产业的发展仍处于市场培育期，不过，已经进入市场培育期的后期，即将进入快速发展期。之所以做出这样的判断，是基于对市场的需求理解。任何一个产业的发展，都离不开市场需求的推动。几年之前，谈到大数据，很多人还不了解。但如今，对于大数据的作用和价值，基本已经形成共识。

但为什么说还是处于市场培育期呢？主要是行业的发展仍然存在一些问题。比如，用户对于如何应用大数据，大数据究竟能够给他们带来什么价值，还不是十分清楚。而如智慧星光这样的企业，就是来帮助客户研究、分析，在他的业务领域里，大数据到底应该怎么用、怎样做才能够给他的业务带来实际的价值。事实上，大数据并不是一个孤立的技术，而是给业务赋能的，只有这样才能体现大数据的价值。

再比如，数据的孤岛现象，原来谈数据孤岛，大家都不了解数据，就相当于是未开发、未被人发现的海上荒岛。而现在的孤岛则和之前不同了。人们越来越重视大数据价值的同时，也产生一个非常严重的问题：自己所拥有的数据太值钱了，反而都不愿意贡献出来，即使贡献出来也都是天价，不可能应用。所以，现在面临的问题是，只要发现有价值的数据，就赶紧据为己有，这就形成新的数据孤岛。而要解决这一问题，需要一个长期合作应用的过程。

未来，大数据给用户带来的价值，主要体现在两个方面：一是效率的提升；二是效果可查。而对应的大数据分析技术中，非结构化数据分析将逐渐取代传统的结构化分析技术，通过海量的数据分析来为企业建立更为复杂的商业模型，从而帮助企业提高市场洞察力并创造价值。

三、大数据发展赢在数据质量

对于拥有全球最多网民人数的中国，更广泛的网络参与也带来更多的互联网数据和更全面的舆情内容。面对互联网上的海量信息，如何能做到准确获取、实时监控、合理分析、综合研判、定向导控，是摆在舆情工作者面前的重要问题。

李青龙认为，舆情是文本大数据典型的应用，其特征之一就是客户可以清楚地告知需求。而传统索引的方式在应用时不知道客户的需求，因此需要建全词量的索引，内容非常复杂。而当客户可以清楚地告知需求，系统就可以把计算前置化，因此能输出更好的结果。

李青龙认为舆情公司可以分为三代：第一代为系统集成和软件开发公司，第二代是提供传统 SaaS 服务的公司，第三代是文本大数据应用的创新型公司。系统集成公司就是在系统集中加入软件开发，根据客户进行项目定制开发，形成舆情系统，这种舆情的最大缺点就是数据质量差。2009 年，SaaS 在全球兴起，一些公司很好地实现了转型，有些公司转型时却跑离了轨道，仍采用系统集成和软件开发的方法，未能真正解决舆情问题。"当时我告诫团队做项目不要只图一时之快，要坚定地把 SaaS 模式下的舆情监测系统做下去，在数据质量上超越别人。为此，我们投巨资建设了一个高标准的智能化信息采集和处理平台，为客户大大降低了成本，同时在信息的及时性、全面性、精确性方面满足客户的需求。目前，我们SaaS 平台服务 3 万多客户，付费用户超过 5000 个。"

随着社会对互联网舆情的关注程度越来越高，与之相对应的处理方式也产生了相应的变化，从最初的不甚关注，到人工手动搜索处理、外包处理、系统处理，目前发展为专业技术服务团队的托管服务，舆情监测经历了阶梯式的发展。事实证明，文本数据更多的应用点应该是各行各业、各个职能部门都需要，而不仅仅是公关宣传需要。未来，职能部门通过这些数据，能够更好地进行社会的精细化定义、社会治理的精细化分析，最后使政策的制定、治理的手段方式更科学、合理、精确，这也是社会精细化治理当中必不可少的数据环节。对此，李青龙表示："未来，星光数据将把握发展机遇，进一步完善舆情监测系统，不断寻求创新突破。"

四、智慧星光以质为本，智慧引领未来

李青龙把"以质为本"理解为"极致、极简、创新"的企业发展理念。他认为，大数据的价值并不在"大"，而在于"有用"。"在过去的几年中，我们看到了大数据在政府治理、金融科技、医疗卫生、企业服务等行业的深度应用。数据分析已经渗透到了各行各业，应用也越来越多样化，单一的数据分析和应用已经远远不能满足客户的需求。要实现数据的真正价值，就要将不可计算、不可统计、不可分析的基础数据进行归纳，使之变成可计算、可统计、可分析的结构化数据，解构出数据之间千丝万缕的联系，进行精确的应用，才能充分挖掘出其中蕴藏着的巨大价值。"为此，智慧星光坚持"极致、极简、创新"的发展理念，创新地提出去分词，通过长期的积累，建立了一个以"效率优先，精准优化"为原则的反向分词词库，实现了零时延，从而解决了有效系统越大越慢的难题。为客户提供精准信息的同时，客户的体验感也越来越满意。

可以说 4G 开启了移动互联网时代的大门，使得人们能够随时随地获取信息。但在获取信息的同时，用户更加注重所筛选的信息是否具有价值。大数据的发展则解决了这一难题。智慧星光将会按照用户的需求对信息进行筛选聚合，将高质有用的信息精准呈现到用户眼前。这正是智慧星光人所要做的——以质为本，做数据价值的缔造者、生产者和传递者。未来，适应大数据时代发展，对于大数据资源的挖掘，智慧星光不应只是简单地充当数据存储和搬运的角色，而要以海量数据为基础，通过这些数据对用户的行为和需求进行分析，提供高附加值、高质量的数据应用和服务，形成可商业化的核心能力，引领智慧美好生活的开启。

打造世界级的工业无人机领军品牌

——访北方天途航空技术发展（北京）有限公司创始人杨苡

北方天途航空技术发展（北京）有限公司（简称天途），成立于 2008 年，总部位于中关村科技园区昌平园埝头工业园，产品远销美国、日本、新西兰、印度、乌干达、墨西哥等多个国家和地区，是国家高新技术企业及中关村高新技术企业，拥有 160 多项专利和 20 多项软件著作权。

天途是专业无人机全产业链服务商，主营多旋翼、固定翼无人机和无人直升机，集研发、制造、测试和培训于一体，为无人机行业客户（政府、事业单位、企业）提供专业领域的无人机产品、服务及培训。

问：请谈谈您的创业经历和企业发展历程。

答：我创业的初心始于 2008 年汶川地震，当时人进不到震区，近在咫尺却无法安全救助被困在危险区域的人员，派遣的载人直升机冒着生命危险执行救援任务，不幸飞机失事，机毁人亡，这一事件对我的刺激非常大，我当时就发心一定开发出一套无人驾驶的系统，用无人机代替载人飞机，去执行这些危险且紧急的任务，天途航空也是在这样的背景下诞生的。2008 年成立当年，我们研制出中国第一款安防类应用无人机，旨在解决灾难救援、反恐处突、边防巡检等应急事件，这款无人机在之后的茂县地震救灾、中蒙边境联合反恐演习、福建滑坡救援等安防任务中也发挥了极大的作用，不仅极大程度保障了人员安全，而且高效稳定地完成了作业任务。基于第一款应用级无人机的研发经验以及日益扩大的行业需求，2009 年我们研发了中国第一款电力应用无人机，代替人工高空作业，解决了电力线路巡检、携带机械臂除冰以及高空架线等高空作业任务。与此同时，农业机械化、土地流转以及农村劳动力转移等加快了无人机在植保领域的步伐。2011 年天途研制出中国首批农业植保无人机，不仅大幅度提高了植保的效率，而且通过对用药量和用水量的科学控制，保证了植保人员的安全以及防治的效果。

天途始终致力于智慧农业的创新与发展，建立完善了整套智慧农业管理系统，包含但不限于植保无人机系列、北斗地面增强系统、云服务以及前端软件，通过高精度三维地理测量系统以及多光谱传感器采集农业相关图像数据，以及后台数据分析，为农业生产提供精准指导及预测。其中天途农业植保无人机系列完整，能够实现自主飞行、精准喷洒、智能规划以及安全稳定飞行。天途植保无人机喷洒飞行速度适中，喷洒装置完备，并且能够与农作物的距离保持固定高度，规模作业效率高，其效率要比常规喷洒至少高出几十倍。天途植保无人机不受地形和高度限制，在田间地头起飞对农作物实施作业。可用手持地面站设备进行作业，还可通过地面站的显示界面做到实时观察喷洒作业的进展情况。天途植保无人机作业高度比较低，能产生向下气流加速形成气雾流，直接增加药液雾滴对农作物的穿透性，减少农药飘失程度，药液沉积量和药液覆盖率优于常规，防治效果优于传统方式，防止农药对土壤造成污染。喷洒技术方面，我们采用喷雾喷洒方式可以节约 50% 以上的农药使用量，在很大程度上降低了资源成本。天途植保无人机应用广泛，可搭载高分辨率彩色多光谱成像仪，对杂草爆发、暴露灌溉及施肥异常等情况进行监；可搭载传感器设备，快速发现作物是否存在缺水缺肥等问题。可搭载可见光 – 近红外光设备，完成土壤湿度的合理化监测；可搭载光谱仪对农田作物进行光谱分析，快速发现农作物病虫害状况。适合包括小麦、水稻、玉米、棉花、番茄、果树等各类作物。

随着各垂直领域的不断深耕，行业对驾驶无人机的飞手需求呈现爆发式增长。天途为推动行业规范，参与编写了行业培训教材、制定了行业监管规范并开发了行业监考管理系统，于 2014 年率先成为中国首批 AOPA 无人机认证培训单位，并成为无人机培训华北第一考场。天途培训品类繁多，机型包括从多旋翼、固定翼到直升机，种类全覆盖视距内、视距外以及教员。天途无人机培训人数年年蝉联全国第一名，每 6 个飞手中就有一个是从天途培养出来的。为了进一步满足行业需求，天途自编行业类无人机课程，包括但不限于农业植保、航空测绘、航拍等。伴随着业务量的不断扩大，天途创立校企合作模式，与中高职学校联合培训无人机飞手，业务扩展速度迅猛，并于 2016 年底扩展到 31 家分校，覆盖全国除西藏外的所有省区。

经过多年的技术创新和行业深耕，天途已成为集研发、制造、应用、教育和增值服务于一体，产品最全，综合实力最强的商用无人机系统及大数据服务商先行者。分公司、子公司遍布全国，且产品远销美国、日本、新西兰、印度、乌干达、墨西哥等多个国家和地区。作为国家高新技术企业及中关村高新技术企业的天途，已拥有 160 多项专利和 20 多项软件著作权。截至 2017 年底，天途已多年持续盈利，年复合增长率高达 51%。

问：请谈谈您对企业发展的未来畅想。

答：天途将整合植保市场及无人机培训市场，成为无人机农业植保及培训考试服务大数据运营商；并不断积累安全记录，建立城市安全应用标准，利用无人机的服务，建立衍生业务，逐步成为综合实力最强的综合服务运营商，具体以下四个方面。

教育方面。将更加深度推进校企合作，为公司无人机运营服务提供持续不断的后援力量；与 AOPA 推进无人机电子培训、考试，巩固行业壁垒，领导行业标准。

农业方面。将选定农业试点，加强的板块包括农业植保经验、高频次测试、多场景测试条件，大量测试安全数据，为农业精准作业提供数据支撑。并提供植保无人机、无人机飞手校企联合培养，帮政府构建农业数据管控中心，建立长效合作机制。

航测方面。推进 SP–7、SP–9 两款长航时固定翼产品，打造中高端固定翼无人机产品，打造航测市场爆品，并且加大宣传力度，提高产品销售数量。

安防电力方面。针对当前警用安防无人机一体化发展趋势，打造天途指挥、监控、数据处理以及控制为一体的无人机监视控制系统。研发新一代无人机系统，以天途当前在研二代项目机为飞行平台，综合事业部未来发展市场，定义无人机相关功能以及需求。新一代飞行控制系统集成 AI 人工智能芯片和 ARM 实时处理芯片的核心架构，运行 Linux 和 Ucos 操作系统的模式，方便系统移植，同时可广泛应用于各型无人机。

问：您认为，对企业来说，什么是高质量发展？

答：我认为"科技创新＋高端人才"对企业来说，是保证高质量发展的核心要素。如果把高质量发展比作无人机，科技创新就是企业实现高质量发展的动力系统，而高端人才是推动高质量发展的控制系统，二者相辅相成，缺一不可。

对于工业企业来说，科技创新不仅是知识的创新，也是技术的创新和管理的创新。企业需要不断获取新知识，掌握新技术、新工艺，采用新的生产方式和经营模式，开发新产品，提供新服务等。

高质量发展紧靠科技的创新是远远不够的，更加需要人的推动，只有具备高质量发展能力的人，才能推动高质量的发展。企业要管理好创新型的人力资源，为高技能人才提供能不断进步的环境以及实施激励措施。

问：您的企业如何追求高质量发展？

答：科技创新＋高端人才。

（一）科技创新是企业实现高质量发展的动力系统

天途从成立之初，就始终坚持与多家高校及科研院所进行产学研的项目合作，不断获取产业方向上的新知识，并努力将理论转化为实践应用。技术方面，天途不断改进无人机最核心的飞行控制系统，进行技术更新迭代，并不断探索新技术及新工艺，已审批通过的实用新型专利多达180余项。

不仅如此，我们的产品已从成立之初的一大半自助无人机演变为目前的三代全自主、模块式工业无人机。三代无人机已能实现如下功能：（1）小巧玲珑，方便携带，急速转换作业场地，可快速拆卸；（2）自主飞行，配备全自主飞行系统，智能规划，高效省力；（3）高效作业，不漏喷，不重喷；（4）智能后台管理，海量作业数据汇总，实时监察管理；（5）快速维修。

伴随技术及产品的不断创新，天途的经营管理模式也随之变革。从最初的扁平化管理模式变为垂直化事业部制管理模式。信息化系统如 ERP、CRM 的不断完善更好地保证了前中后端的信息有效共享，大大提升了内部工作效率及外部响应速率。

（二）高端人才是推动高质量发展的控制系统

天途有一套完整的人才选拔机制，每年会定期选拔出各部门的业绩优秀者，加入天途人才库，并对选入人才库的优秀人员进行定期的高技能培训，保证人力资源的高质量发展。与此同时，天途重视对高端人才创新能力的挖掘，并为此制定了一套完整的激励措施，包括但不限于绩效奖励、年终奖以及期权等方式的奖励，旨在鼓励高端人才不断创新，不断提高个人综合素质，为企业创造更高的价值。

专注新媒体电视视频行业
致力于用户体验的提升
——访环球合一总经理吴懿

环球合一网络技术（北京）股份有限公司（简称"环球合一"）由国广东方和优酷两家合资创立，于 2014 年 9 月成立于北京，致力于成为中国领先的新媒体电视服务提供商。

环球合一是一家基于运营商专网提供电视付费视频服务的新媒体视频服务机构，向全国三大电信运营商及各省广电网络运营商市场提供视频点播、轮播等付费视频服务，并提供运营与技术支持。

问：请谈谈您的创业经历和企业发展历程。

答：环球合一网络技术（北京）股份有限公司成立于 2014 年 9 月，由国广东方和优酷在北京中关村合资设立，凭借国广东方和优酷两大股东的视频资源优势切入市场，在新媒体电视视频这一细分领域寻求发展机遇，走出了自己的健康发展道路。

2015 年，公司完成环球影视产品设计，搭建多方合作，进军运营商 IPTV、OTT 市场，并开始迅速扩张。2016 年，环球合一引入上市公司同洲电子，充分发挥双方资源优势，共同拓展广电有线运营商市场。2017 年 4 月，公司整体变更为股份有限公司，股本增加至 5000

万元，进一步完善了公司治理架构，使公司进入了新的发展阶段。

经过三年多的发展，环球合一已成为一家基于运营商专网提供电视付费视频服务的新媒体视频综合服务机构，凭借丰富高品质的视频内容、覆盖全国的 CDN（内容分发网络），以三大电信运营商和各省广电网络运营商为主渠道提供端到端运营服务。公司主要业务是向全国三大电信运营商及各省广电网络运营商市场提供视频点播、轮播等付费视频服务，并提供运营与技术支持，具体包括视频节目购销、项目推广、客户开发与维护、EPG 界面设计、产品包装、专题开发、线上线下活动、用户互动活动设计等；同时通过智能硬件以及专业提速平台在电信运营商的全国用户视频重点访问区域提供视频加速服务。

公司已拥有 17 项软件著作权，属于中关村高新技术企业，同时是北京市科学技术委员会、北京市财政局、北京市国家税务局、北京市地方税务局联合授予的高新技术企业。公司获得工信部、文化局等机关部门授予的增值电信业务经营许可证、网络文化经营许可证、电信与信息服务业务经营许可证等运营类资质。2017 年 8 月，环球合一荣获"瞪羚企业"称号；2018 年 4 月，经专业评估机构评测，被授予"Azc+"级信用单位称号。

目前，公司与中国电信、中国联通、中国移动三大电信运营商及各省级广电运营商都开展了深入合作，业务遍及全国除港澳台、西藏外的 30 个省级行政区域，在新媒体电视视频行业占有重要地位。

问：请谈谈您对企业发展的未来畅想。

答：环球合一属于新媒体电视视频行业，主要业务集中在电视大屏端，通过电信和广电运营商将视频类内容提供给终端用户。

随着人民群众日益增长的精神文化需求，人们已不再满足被动服从于电视节目时间和节目内容的安排而开始追求个性化收看需求，而互动电视的发展，给观众更多的选择权，给用户带来了更丰富的选择和更好的体验，新媒体电视视频行业相关参与者都开始致力于用户体验的提升，行业发展也受到各方的推动作用而迅速发展。

市场对新媒体电视视频行业的推动力主要表现在：人们对丰富化、精品化、个性化的视频内容的需求增强了用户的付费意愿；互联网行业高速发展，宽带提速降费和光纤改造创造良好的发展机遇；广电有线运营商积极推进双向网改造，为行业开拓更大的市场空间；下游领域用户量快速上升，推动新媒体电视视频行业快速发展；国家政策推动行业发展，行业监管政策完善推动行业健康发展。

环球合一面临的新媒体电视行业发展趋势为：（1）新媒体电视视频企业的内容竞争加剧。新媒体电视视频行业与互联网视频行业竞争类似，爱奇艺、腾讯、优酷土豆等互联网视频企业的主要收益来源于会员付费、广告等业务，依靠抢夺用户维持自身发展，而随着人口红利的消失，同时用户选择也更加灵活主动，视频企业必须通过优质内容增加用户黏性，尤其是头部大剧资源的争夺将更加激烈，势必导致资源采购成本的大幅提升。（2）新媒体电视视频行业与互联网协同发展。新媒体电视视频行业发展离不开互联网宽带的普及和提速，这是视频资源传输的网络条件，同时，大数据、云端管理、智能化终端也随之介入，共同提升用户体验，这也反过来促进了互动电视的发展。（3）用户重回客厅，电视互动增值服务提升。不同于手机、平板电脑等移动端"前倾式"的使用习惯，电视"后仰式"的特殊体验方式，可以给用户带来更舒适的观感体验，而用户对版权收费认知度提升，视频付费意愿增强。随着语音识别、智能家居等技术发展，未来对电视的操作会更加智能、灵活。电视将不仅仅作为收看视频的工具，还可以融入更多的数据处理功能，增加更多的互动增值服务及应用，甚至成为家庭互联网的核心。

行业的变化发展和用户需求的转变，促使企业不断追求创新以满足用户的更高需求。互联网时代，企业不仅面临自身所处行业的竞争，还要随时关注其他领域的发展，因为其他行业的技术突破可能会给传统行业带来颠覆性的冲击，所以企业发展还要考虑多维度的市场环境，顺应时代潮流。环球合一处在互联网行业的新兴领域，面临的市场格局更加复杂多变，对创新发展提出了更高的要求。所以，公司在第一阶段的起步、发展中抢占先机，凭借视频内容资源获得市场份额。目前，公司已迈入了第二发展阶段，一方面将通过优质的内容资源维持用户增长，另一方面将背靠阿里电商为用户提供更加丰富的增值互动服务，将 PC 端、移动端的应用更加智能地融合到电视端，让电视不仅仅是电视，而是一个大屏的互联网功能集合终端，这才是让用户重回客厅的最大驱动力，也是作为新媒体电视企业所追求的最高目标。这是环球合一新阶段的发展重点，并且公司已经通过开创性的短视频导购模式迅速切入电视电商领域，凭借阿里生态的强大背景，成为大屏互联网生态的先行者。

问：您认为，对企业来说，什么是高质量发展？

答：我国经济已由高速增长阶段转向高质量发展阶段，而企业是发展的主体，高质量发展最终要由企业来真正实现。

企业的高质量发展应该是全面发展，是企业价值的多方面体现，包括企业在所处行业的价值，企业自身的文化内涵，企业的资本投资价值，企业的改革创新能力等。

（一）企业的行业价值体现

企业开展业务，为客户提供服务，首先要做到满足客户需求，并不断提升客户满意度，这是企业立身的根本。当企业逐渐被客户认可，具备一定的知名度，成为行业发展的推动者，应当进一步提升企业的服务水平，不断创新，有行业前瞻性，以引领行业发展为目标，体现公司在行业发展中的先导价值。

（二）企业的文化内涵与品牌价值

企业的发展离不开人才的动力，以环球合一为例，新媒体电视视频行业作为新兴行业，既需要熟悉互联网业务且了解电视视频行业的复合型人才，也需要精通互联网行业与广播电视行业的专业人才，尤其是从业经验丰富、拥有较强学习能力的专业人才，公司一切业务的开展都依托人来执行，所以高端人才的引进至关重要。企业要通过完善的福利制度、良好的职业晋升渠道等措施吸引和留住人才，凭借积极向上的企业文化提升员工的责任感、工作激情和敬业精神，要自上而下倡导诚信原则，在内外合作中提升公司品牌形象。

（三）企业的市场投资价值

企业经营的主要目的是实现收益，与投资者、合作方、团队实现利益共享。只有具备投资价值的企业才是真正被市场认可的企业。投资价值是市场对企业的综合评判，有投资价值，才能更便捷地引入资源、资金、合作方，让企业更好发展。

（四）企业的改革创新能力

创新是企业高质量发展的必然要求，任何一个企业都需要改革创新才能维持生机和活力。如果不创新，不与时俱进，则迟早将被淘汰出局。创新是打造企业核心竞争力的基础，只有持续的商业模式创新和科技创新，才能让企业有持续发展的动力，在激烈的市场竞争中保有一席之地。

高质量发展的企业应当具备前瞻性的战略眼光，不局限于短期现状，通过自身的业务提升和行业贡献，获得内部团队、外部市场的认可，以模式和技术创新保证企业在瞬息万变的市场环境中激流勇进，持续发展，立于不败之地。

问：您的企业如何追求高质量发展？

答：环球合一是在互联网迅速发展以及三网融合的推动背景下应运而生，在风云变幻的互联网发展大潮中寻找机遇，主动把握市场动向，凭借股东方的资源优势，在新媒体电视视频领域得到了迅速提升。

移动互联网时代，智能手机、平板电脑、PC 电脑和电视机被业界视为最重要的四个入口，让用户重回客厅、让电视重回客厅中心成为新媒体电视视频行业的追求。随着三网融合政策的推广，新媒体电视视频行业的市场参与者逐步增多，尤其是互联网电视行业产业链整合不断发生，行业竞争较为激烈。

环球合一经历了前三年的扩张和积累，在视频内容方面已经占据一定的市场规模，未来将依托阿里背景，拓展大屏营销、音乐、电商、旅行、云存储、体育赛事等全方位的增值服务。具体将体现在以下五个方面。

首先，继续保持视频内容资源优势，汇聚全网优质内容，涵盖 S 级大剧、头部电影、独播综艺、热门动漫、优质纪录片等，并通过投资参股 4K 花园，提前布局超高清内容资源，通过持续更新的优质内容增加用户黏性，提高用户的留存率。

其次，不断进行技术创新，加大研发力度，以 OTT 平台及

IPTV、有线内容分发平台为基础，拓展大文件分发等技术平台的商业化进程。新媒体电视视频企业除了基于运营商专网提供全网络付费视频服务，后续可以为用户提供基于家庭互联网的各类增值服务及应用，融电子商务、日常通信、家庭服务、安全监控等于一身，将电视端打造成为家庭信息综合服务平台，电视将逐渐使信息显示和信息处理融为一体，成为功能强大的信息处理中心。这就需要公司在技术研发上加大投入，保证技术能力跟上公司业务的发展方向和速度。

第三，进一步加强团队建设，提高股权激励渗透力度，不断引入行业优秀人才，聘请阿里系高管加盟，搭建并完善新业务团队，建立面向新业务体系的技术和项目团队。

第四，不断创新商业模式，凭借阿里生态优势，以影视产品为基础，开发电视购物、广告、游戏等新产品。在移固融合大背景下，将阿里优酷的移动会员业务和环球合一的运营商垂直领域的新媒体电视业务相结合，打通移动端与大屏端的会员权益，真正实现手机与电视的跨屏融合。目前，公司先行推出的短视频导购业务已筹备上线，这是电视消费领域的开创性模式，是整个大屏端电商新模式的先行者，具有非常广阔的发展前景。

第五，提升公司品牌价值，加强外部合作，适时借助资本力量，迅速做大做强。环球合一一直保持诚信、开放的合作思路，积极引进战略合作方，与运营商、上下游企业的合作始终坚持资源共享、利益共赢。未来，我们将以更开放的姿态欢迎合作方，为公司引入资源资金的同时，为合作方和投资者创造更高价值。

吸收世界先进元素　成就中国特色牧场

——访东石共同创始人、执行董事苏昊

苏昊，北京师范大学94届外语系毕业生，北京大学工商管理硕士（MBA），是北京东石北美牧场科技有限公司（简称东石）共同创始人、执行董事，中国农业大学牛精英项目特邀指导教师，教育部"全国万名优秀创新创业导师"首批入库导师。

问：请谈谈您的创业经历和企业发展历程。

答：坦率地说，我的创业是因应改革大潮顺势而为的。大学毕业之后我先进入一家国企历练了5年，后转到一家外资企业工作了5年。1997年，亚洲金融危机爆发，我们坚持大国的责任和担当，坚持人民币不贬值。与此同时，我们的外向型出口也经历了巨大的挑战，国营外贸企业首先受到直接冲击，原有的出口优势面对东南亚其他国家的低价竞争被相对削弱。在这样的大背景下，相关企业主要是从风险控制角度对原有的业务和平台进行整合，比如说原来的开放型的付款条件，比如货到付款等，都被绝对禁止，必须全部开信用证或百分百预付，原有供应链生态圈中的养分供应形式发生了变化，供应链被切割。我和另外一个合伙人的"创业"就这样开始了。很多优秀的传统业务在新的形势下面临淘汰，但这些又是很优质的行业和客户，我们决定以原来被淘汰的业务为基础业务开启

"创业之路"，将一些被禁止操作的业务关系延续下去。创业初期还是有很多曲折的，没有大办公室，没有车和司机，也没有工资，但每天睁开眼都要面对房租和员工工资的压力，但这是所有创业者的必经之路。我们也寻找其他的新机会，也经历过不同的失败。我还去河南开过矿山，最后铩羽而归，用了几年时间才将原始的投入收回来。

2005年，一个曾经合作但在新的平台上还继续保持联系的客户提醒我们是否可以延伸一下业务范围，比如说如果原来的业务是A，那么A+是否可以做。我们当时的主要业务是把国内采购的各种各样的橡胶的卷材和板材出口到国外，而这其中有一大部分产品是用于农业领域的，这位客户提醒我们能否从农业领域延伸到马、牛等高价值的动物品种的养殖装备上，我们觉得可以，于是我们开始做延伸产品，进入制造行业，开始租厂房、买机器设备、招工人，当时的全部市场都是面向国外。进入21世纪，伴随着国内经济的发展，人民生活水平的提高，人们对肉蛋奶等动物蛋白的需求量大大增加，如人们对奶类产品的需求从20世纪90年代每年人均9公斤发展到人均40公斤，是一个很快的发展过程，这其中也带来了养殖方式的变化。我们考虑国外先进的养殖系统是否可以用到国内，于是我们带着设备和方案参加全国博览会，供需结合恰好接轨，2008年至2014年东石进入快速发展阶段，我们从单纯的外贸型企业转化成制造型的高科技企业，从单纯的贸易功能到制造，然后进入到设计、产品研发、施工、现场安装、运营服务。这期间有很多辉煌战绩，如全球最大的食品企业——雀巢，152年以来唯一的一个全球的牧场是由我们的团队选址、设计、建造、安装完成的；完成全球乳品1/3交易量的全球最大的供应企业——恒天然，其在华所有的项目全部使用东石的装备。2014 年第 4 季度，整个行业全球性地进入调整阶段，公司发展也进入平稳时期，业务比例重新调整，海外市场的销售占了更大的比例，目前我们的产品进入 6 大洲，涉及 55 个国家。东石的产业若用一句话简单概括说就是：为现代化奶牛养殖场做建造和装备服务。当然，企业发展历程中不免也经历了一些考验，如公司在成立 10 周年时组织核心骨干员工去泰国旅游，在回曼谷的高速公路上，员工所在的车与对面卡车相撞翻车，公司人员虽没有死亡，但有 10 名伤员经历了漫长的医疗过程才陆续康复。我们坚持"一个都不能少"的信念，凭着坚忍不拔的精神将全部人员带回，走出困境。

问：请谈谈您对企业发展的未来畅想。

答：对于此问题，我的第一个反应是"活下来"。为什么要考虑存活这个问题呢？纵观我们身边的大大小小的企业，有 150 多年的企业如雀巢，但也有转瞬即逝的企业。据统计，全球企业的平均寿命都不长，不过 2.97 年；全球 1000 强的企业的平均寿命为 30 年；全球 500 强企业的寿命为 40 年。企业倒闭比较典型的原因经是资金断裂，企业的扩张能力和资金能力不匹配。但现在的经营风险和未来的被抛弃原因应是技术不占优。现在的技术变革对传统的技术选择和思维模式都有着颠覆式的影响，当前和未来企业靠什么生存以及如何生存，是值得思考的重要问题。我认为重要的部分在于整个价值链的两头，中间部分的重要性相对减低。价值链的起点是 IP，是知识产权、生产技术、生产组织能力等，这是最为重要的部分。价值链的终点是客户群体，对客户群体的维护是未来企业生命线的关键点，如果客户对企业品牌是忠诚的，那么他对于你未来推出的产品也会是信任的，而这种信任不是靠一个简单的产品说明书就能解决的，是需要凭借时间积累建立的。于我而言，未来的发展畅想可能还是会基于现实在核心技术上增加更多中国自主的核心技术产权，加强自主开发和对青年人的援助计划，这是一个方向，另外一个方向是对未来市场的维护。企业未来的发展方向要随着国家的发展方向而定，我国农业的基础、资源很好，但是农业的发展技术确实远远落后于农业发达国家，这造成的结果就是我们有需求，但无法用具有市场竞争力的价格来提供产品，那么我们这类企业的任务就是将我们在技术上的短板尽可能缩小，尽快地让我们农业领域的技术水平实现对接，这就是我的发展畅想或者说是我的使命。

问：您认为，对企业来说，什么是高质量发展？

答：先从最浅层次来说，就是"制造"这一层面。高质量发展需要拿出对国家能够负责的产品，这是非常重要的。这个问题，特别是对民营企业，其实是一个两难的决定。民营企业既很想做出高质量的产品，但同时也会面临一个"剧痛"，即得不到市场的响应。我认为，主要原因是，市场需要从认识价格到认识价值，这条路还远远没有走完。淘宝的销售方式让大家永远寄希望于能够用更低的价格获取更高的质量，但这在基本的商业领域中是根本不成立的，因为制造者能够形成一定程度的成本优势，一定是有某种原因的，要么是材料原因，要么是规模化生产。因此，在这样一个市场环境中，做出高质量的产品是非常痛苦的，或者说非常难做到的。但这又反过来说明一件事情，就是如果一家企业就这样随波逐流，那么这家企业也不会有生命力。它就会是 2.97 年（中国中小企业的平均年龄是 2.97 年）一定会倒掉的那种企业。所以，必须要有办法坚守这种高质量的发展，因为无论你是有 IP 还是有客户，最后都得拿东西出来，因为从长远看，只有依赖产品的质量才能取胜，没有别的办法。因此，对于企业来说，要有起点的高质量发展，能够坚守对高质量产品和高质量服务的信念，无论发生什么样的情况，也可能会有"钝痛期"，但是你所要实现的核心的质量基础是必须要做到的。

第二点是高质量的管理体系。企业的管理质量，怎样才算高质量发展呢？可以是某一领袖人物的出现或创业者的个人感染力等，能够带动整个企业进入高速发展期，但那不是可持续的，一旦他出现了问题企业也就终结。对企业来说，小企业靠人，中企业靠制度，大企业靠文化。这句话是曾经大家都在讲的，但其实回归到最根本层面上，还是需要一个高质量的管理体系，既要有人的影响，又要有规章制度的限制，又能有文化的浸润，要营造一个高质量的生态圈，需要一个健康的团体。什么样的企业能够在这种环境下做好，它的生命力就一定顽强。

如华为这样的企业，领袖影响力在，制度和文化也在；再如国外的企业 Airbnb，它的办公室建得就像丛林。这种高质量的企业管理体系的营造，是特别值得投入的事情，它是决定企业未来能否得到高质量发展的关键。

第三点是高质量的人才培养机制。对企业来说，无论是产品还是服务，包括前面提到的环境、体系等，都只不过是一个路径，终极的核心还是"人"。高质量的人才培养体系，一定是"培养"，因为对于任何企业来说，员工不可能进来就是一个人才，可以立刻投入工作。一定会有一个人才培养机制在里面，这种人才培养机制决定了企业的生命力。

保证企业高质量发展凭的是产品和服务，比如海底捞就是靠服务的。而让企业向上发展的路径，就是高质量的管理体系。但是让企业能够真正地更长远地可持续发展下去的，是高质量的人才培养机制。这种机制出现之后，企业不会垮，不会出现人才流失，不会因为关键人物的流失而使企业出现问题。

这是我认为的企业高质量发展的三个重要要素。

问：您的企业如何追求高质量发展？

答：从东石的发展历程来看，合作和学习很重要。一定要和本行业领先的国际企业合作，自己不会的地方要向伙伴学习。我们这个企业的发展未来，可能是被并购，也有可能是资本平台上的其他选项。对于目前来说，追求高质量发展的有效方法，就是跟对企业，这是一个捷径，好比长跑，真正跑第一的人很累，但是跑第二的，或者第二集团的人很爽，所以我们当下的策略就是"紧跟"。但是这个"跟"并不仅仅是跟着，而是在合作中跟。产品的制造和生产管理领域，我们拥有海外伙伴管理体系的支持。我们将高质量的发展放在市场中，用市场去检验。我们的产品，2014 年进入了 42 个国家，现在卖到 55 个国家和地区，说明产品的销售范围在不断扩大。所以我们的高质量发展到底是真的发展了还是退化了，到底是新市场扩张了呢，还是营销收入提升了呢，这都需要市场来鉴定。对东石来说，追求高质量发展，就是要跟对全球领先企业，通过在产业链里面的分工完成好自己的工作，在工作中不断地将每个细节做到最好。

重构护士职业发展环境

——访护联网创始人兼 CEO 张雪莉

张雪莉，护联网创始人兼 CEO，国内首支以护士关爱为宗旨的公益基金 919 护士关爱计划发起人之一。原国家卫生计生委人才中心培训中心主任，《中国卫生人才》杂志社社长。

用护理的专业价值来赢得有温度的尊重，用职业发展的未来让护士的生活更美好，让社会大众享受到最专业的护理服务。

——张雪莉

问：张总好！先请您谈谈创业经历和企业的发展历程吧。

答：我在卫生系统工作多年，深切感受到在中国医疗行业，护士群体的职业发展往往被人忽视。这群头戴燕帽、身着洁白制服、为医生分忧解难、为病人嘘寒问暖的"白衣天使"，理应拥有一个良性、宽广的职业前景。但在医院体系内，护士群体很难有一个稳定的职业上升路径。当不上护士长和护理部主任，就几乎没有出路。对三四十岁的护士来说，转行几乎成了必然。而且，这些有经验的护士离开医疗体系后，往往会从事一些跟专业完全不相关的职业。对国家来说，这也是一种严重的教育资源浪费。用护理的专业价值来赢得有温度的尊重，用职业发展的未来让护士的生活更美好，让社会大众享受到最专业的护理服务，这是我的创业初心。2013 年 7 月，我从单位辞职，开始了创业，护联网品牌诞生。2015 年，护联网业务线成熟。2016 年，我们发起成立中国首支护士公益基金，完成千万级 A 轮融资，具有了一定的社会影响力。公司发展至今，我们的服务覆盖了全国 31 个省份的近 100 万名护士，合作医疗健康企业 2000 多家，成为受信赖的护士服务企业。

问：公司发展速度好快呀，那您认为公司发展的优势是什么？

答：从市场环境看，我们进入的是一个有巨大发展空间和潜力的市场。为什么这么说呢？我国已经进入老龄化社会，老年人口突破了 2 亿，对专业护理人员的需求是巨大的，加上国家二胎政策的放开使得在人口结构另一端的妇幼领域的护理需求也在快速增长，而我们护联网经过这几年的发展，目前我们的护士用户已经占到四分之一以上的市场规模，分布地区覆盖 30 多个省市地区，这是我们的明显优势，而且我们不仅仅是一个平台，我们合作培训的大中型医院客户 2069 家，其中护联网在 1000 多家医院开展线下活动，与护士"零距离接触"，还联合国内医学、护理学、健康及相关行业专家，组成专家委员会，致力于开发适合护士职业延展与发展的专业课程，助力于护士职业晋升和能力提升。可以说我们的护士人数覆盖广、黏性强。

问：您认为，对企业来说，什么是高质量发展？

答：对我们企业来说，我认为能够重构护士职业发展环境，实现我的创业初心就是高质量发展。美国的医护比为 1:9，而我国为 1:1，虽然近几年政府不断提高增量，护理职业院校连年扩招，但护士的流失形势太严峻了，高流失率几乎成了国内护士职业的一道缩影。护联网的高质量发展，就是要帮助护士群体在健康中国战略推进和老龄化发展的这个时代，不等靠政府，还要充分挖掘社会和市场潜力，这样既有助于解决职业发展矛盾，又满足人们对于专业护理的需要，解决社会问题。

问：您的企业如何追求高质量发展呢？

答：护联网主要提供三大服务：护联测评、护联学院、护联招聘。我们要高质量发展，首先必须做好这三大工作。其中，护联招聘是这三者中最难的。护士的招聘难在哪儿？需求方！第三方机构，如养老康复机构，它们寻找护理人员，最在意的是人力成本与技能的最优化，这就容易导致求职方的弱势，进而产生供需的不匹配。护联网在挑选合作伙伴的时候，存在一个筛选机制，并非所有机构都会合作，首先会确保护士的权益，否则流动率的问题，依旧难以控制。

一个专业的护士平台，要能准确判断对接的第三方机构岗位需求，形成一套标准考量护士胜任力的模型。但现在不少很火的"护士"上门平台，大多为单纯的中介平台，既省略了很多的规范培训流程，又不能对护士的真实水准做判断，导致门槛过低，如不少平台都只需要一张护士从业资格证，这最终会形成以价格高低为导向的恶性竞争，不利于护士职业发展。所以，我们并不赞成所谓的"共享护士""网约护士"这些说法，其实更应该依托线下的专业护理服务机构，利用互联网技术提升效率等，应该是"互联网＋健康护理"。

护联网经过这几年发展，已经积累了一定的数据模型，能够进行人员的精准匹配。在教育资源方面，护联网联合北京大学医学部、英国伦敦皇家学院、医学教育网，合作开发培训课程。在核心付费教程方面，护联网选择与行业专家合作，自己开发。除了自己开发课程，护联网还拥有一套电子认证系统，护士们在经过培训后，会由经验丰富的护士长团队进行远程考核，只有通过考核，护士才能申请企业的招聘。这对第三方企业来说，也是一种人才技能的保障。以某医疗机构合作为例，护联网为它们提供两类兼职护士岗位：（1）高层护士岗位。这类护士通过打电话跟家庭对接，按照护联网培训流程，对家庭进行健康评估。（2）初级护士岗位。这类护士要想被录用，需要经过专业的操作培训，如服务用语、服务流程等。这样一来，医疗机构便不用再去担心护士匹配的问题，只需要安安心心地把终端客户服务做好。

需要特别指出的是，创新对护联网的高质量发展很重要，贯穿于我们工作的各个环节，比如我们的护士技能标签化，就是一项创新。和传统意义上的个人标签不同，很多网站的标签都很笼统，难以绘制一个人的精准画像。而护联网则通过测评、培训等专业评测体系，将护士技能进行分层，为每一位护士打上自己的个性化标签，这样便能最大限度保证供需的匹配度。比如急诊和ICU（重症加强护理病房）的护士，急诊的护士相对要全面一些，而ICU护士则更擅长监测设备的使用和重病患者的体征观察。标签与需求的对应，需要专业的体系来支撑和分层，而粗放式的运作模式，很容易导致医疗领域的供需不匹配，进而出现医患纠纷问题。护联网是小步快跑，在保证专业性的前提下，精准定位，满足医患专业护理需求。截至目前，护联网已经拥有100多个专业标签，是目前国内唯一一家拥有这项服务的企业。

后 记

党的十九大报告作出了"我国经济已由高速增长阶段转向高质量发展阶段"的重要判断。2017 年 12 月中央经济工作会议更是将这一重大判断明确为新时代我国经济发展的基本特征，突出强调了推动高质量发展的重要性，将其作为当前和今后一个时期确定发展思路、制定经济政策、实施宏观调控的根本要求。2018 年政府工作报告强调，要大力推动高质量发展，着力解决发展不平衡不充分问题，围绕建设现代化经济体系，坚持质量第一、效益优先，促进经济结构优化升级，实现经济平稳增长和质量效益提高互促共进。

当前，我国经济总体上继续呈现稳中向好的态势，但与此同时，经济运行中也存在一些不容忽视的问题和矛盾，甚至困难。高质量发展怎么看怎么干？带着这个问题，我们系统梳理了相关专家学者的观点、部分领导干部的观点或讲话，整理了代表地方政府的相关政策措施，并深度采访了汪海、李洪信、陈显龙、齐国明、宫如璟、李焕军、李青龙、杨苡、吴懿、苏昊、张雪莉等 11 位企业家，以期有助读者深刻理解中央关于从高速增长转向高质量发展的判断和推进高质量发展的要求，更好地从总体上把握我国经济的基本状况、发展趋势和政策走向。

本书在编写过程中，参阅、引用了有关文献资料，在此对相关作者表示诚挚的谢意，对于未能列举之处，敬请谅解。同时，本书的出版得到了中国言实出版社领导和编辑的大力支持，在此一并表示感谢。

编 者

2018 年 10 月